{ 프레젠테이션, '쇼'하지말고 '톡'하라! }

프레젠테이션, '쇼'하지 말고 '톡'하라!

| 류현주 지음 |

Show-Talk

팜파스

들어가는 글

프레젠테이션, 자신 있습니까?

프레젠테이션이라면……

- TED의 스토리
- 스티브 잡스의 쇼맨십
- ZEN 스타일의 심플한 자료

+

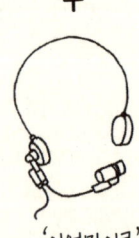

'이어마이크'

요즘은 초등학교에서도 파워포인트를 이용해서 숙제를 발표한다고 합니다. 프레젠테이션이라는 단어는 외래어지만 국어사전에 이름을 올리고 있으니, 이미 우리에게는 꽤나 익숙한 것이라고 볼 수 있죠. 인터넷 서점에서 '프레젠테이션'을 키워드로 검색해보니 2,129건의 결과가 나왔습니다. '연애'를 키워드로 검색한 결과인 1,186건에 비해 1,000여 건이나 앞선 결과네요. 왜 비교 대상이 '연애'인가라고 궁금해하셔도 딱히 대답할 말이 없습니다. 그냥 문득 '연애'가 떠올랐을 뿐이니까요. 굳이 답을 만들어보자면 연애의 밀당을 프레젠테이션에서 프레젠터와 청중의 밀당으로 비유해볼 수 있지 않을까라는 생각에서였죠.

프레젠테이션에 관해 새로운 책을 쓴다는 것이 과연 가능한 것일까? 이런 생각이 들 정도로 책은 이미 충분한 듯싶습니다. 게다가 블로그, 카페, 전문적인 강의까지……. 아마 이 책을 펼쳐 든 여러분도 이미 "프레젠테이션이라면 이러저러해야 한다"에 대해 충분한 지식을 갖고 있을 것입니다.

우리는 수년 전부터 프레젠테이션의 '정석'으로 스티브 잡스의 제품 설명 프레젠테이션을 분석하고 따라 하기 시작했습니다. 그리고 최근에는 TED 따라잡기를 하고 있죠. 적어도 우리는 어떤 프레젠테이션이 '좋은' 프레젠테이션인가에 관한 기준을 갖게 되었습니다.

그럼, 이제 '자신, 있습니까?'

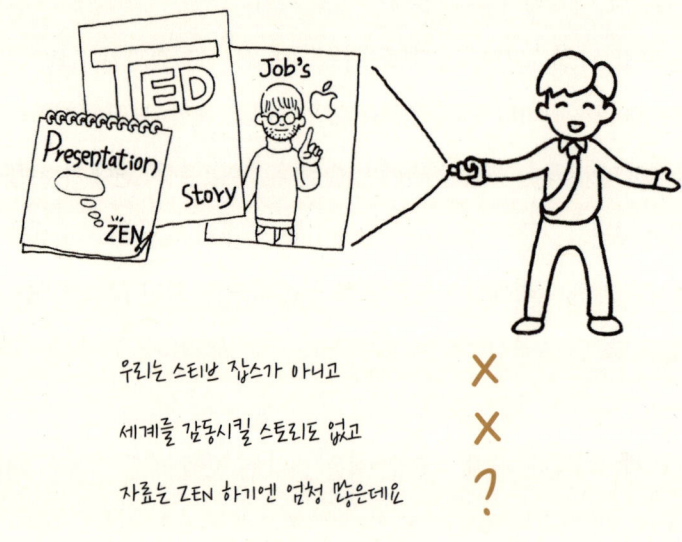

우리는 스티브 잡스가 아니고
세계를 감동시킬 스토리도 없고
자료는 ZEN 하기엔 엄청 많은데요

××
?

'아니오'라는 대답을 듣기 위한 유도 질문인 것 같습니다만, 제가 그렇게 사악하지는 않습니다(진지하게). 뜬금없는 이 질문에 대한 반응이 어떨까 살짝 조마조마한 심정입니다. "무엇에 말입니까?" 혹은 "제게 묻는 것입니까?"라고 되물을 수도 있고, 어쩌면 질문으로 받아들이지 않고 그저 흘려 읽으셨을지도 모르겠습니다. 벌써 답을 하신 분도 있을 수 있겠네요. '예' 혹은 '아니오'라고요. 아니면 역시 "이런 건 사악한 유도질문이야. 답은 '아니오'라고 정해둔 거 아니야?"라며 기분 상해 하실 분도 있겠죠. 그런데 사실 어떤 분이 어떤 반응을 보이고 있을지 잘 모르겠습니다.

　이건 참, 난감한 상황입니다. 이 상황이 프레젠테이션이었다면 더욱 난감한 상황이겠죠. 청중의 반응을 알 수 없거나, 혹은 기대했던 반응과는 완전히 다른 반응이라면 말이죠. 그런데 그래도 프레젠테이션이라면 '만회할 기회'가 있습니다. 청중의 반응에 '대응'할 수 있으니까요.

　애초에 이 질문은 "어떤 (상황의) 프레젠테이션이 가장 자신 있습니까?"였습니다. 잠시 생각해보실까요? 질문을 이렇게 바꿔볼 수도 있겠습니다. "지금까지 어떤 프레젠테이션이 가장 성공적이었습니까?"라고 말이죠.

> 우리는 '잡스'가 아니고(잡스일 필요가 없고),
> 세계를 감동시킬 거창한 '스토리'도 없고(세계는 됐고, 상사나 감동했으면…….)
> Zen하기에는 너무 많은 자료가 있습니다.

　그렇다면 우리의 프레젠테이션은 좀 더 현실적으로 고민해볼 필요가 있지 않을까요? 이 프레젠테이션 책은 이런 질문에서 시작된 것입니다. 성공적인 프레젠테이션을 위해 함께 그 방법을 찾아보도록 하죠.

Contents

들어가는 글 _004

Part 01 프레젠테이션 자신 있게 대하자

- 프레젠테이션 유형별 대처법 _013
- 01 영업 프레젠테이션 _018
- 02 제안 프레젠테이션 _022
- 03 보고 프레젠테이션 _024
- 04 강의나 설명 프레젠테이션 _026
- 좀 더 현실적인 프레젠테이션을 위해 필요한 3가지 요소 _028

Part 02 '쇼'보다는 '톡'

- 프레젠테이션은 상호작용 _033
- 01 톡을 위한 프레젠테이션 준비 순서 _038
- 02 톡을 위한 목표를 먼저 수립하자 _040
- 03 톡의 상대, 청중의 기대를 충족하자 _048
- 04 청중에 대해 속속들이 알아보자 _058
- '감' 잡았으면 '톡'하기 쉬워질걸 _062

Part 03 '감동'보다는 '메시지'

- 감동의 부작용 _067
- 01 메시지의 요건 _070
- 02 유형별로 달라지는 메시지 _074
- 03 같은 주제라도 달라지는 메시지 _082
- 04 메시지를 강화하는 방법 _086
- 05 메시지를 엮어나가는 스토리 구성 _096
- 06 프레젠테이션 스토리의 변주 기법 _118
- 07 마무리는 스토리의 점검 _124

Part 04 '준비된 스크립트'보다는 '질문'

- 완벽함을 위해 준비하는 스크립트 _133
- 01 질문의 유형 _136
- 02 의외의 청중 반응에 대처하기 _142
- 03 프레젠테이션의 긴장을 줄이는 방법 _146
- 04 뻔뻔함과 자신감 사이 _150
- 05 마무리는 잊지 말고, '행동 촉구' _154

Part 05 빼놓을 수 없는 '자료'

- 적정수준의 자료 활용에 대한 고민 _161
- 01 프레젠테이션에서 자료를 활용하는 이유 _164
- 02 '자료=슬라이드'라는 오해 _170
- 03 자료 제작의 기본 원칙 _174
- 04 자료의 유용성을 높이는 방법 _182
- 05 디자인 팁 _194

나가는 글 _201

Part
01

프레젠테이션 유형별 대처법

───── **프레젠테이션의 다양한 유형** ─────

솔루션이나 서비스 판매를 위한
영업 프레젠테이션

의사결정이나 지원 요청을 위한
보고 프레젠테이션

강의나 세미나 등의
설명 프레젠테이션

프레젠테이션이란 청중을 앞에 두고 무엇인가를 전달하거나 설득하기 위해 노력하는 과정입니다. 상황은 다양하죠. 영업을 하기 위해 고객을 대상으로 제품이나 서비스의 장점을 설득하는 상황이 있을 테고요. 팀장, 실장, 사장 등 나보다 지위가 높은 분을 청중으로 어떠한 일에 대한 보고를 하거나 새로운 기획안을 설득해야 하는 상황도 있습니다. 역량 검증을 위해 프레젠테이션을 입사 면접의 하나로 활용하는 기업들도 있으므로, 면접관을 청중으로 주어진 주제에 대한 생각이나 지식을 발표하는 상황도 있죠.

그 외에도 세미나에서의 프레젠테이션, TED와 같은 대규모 강연장에서의 프레젠테이션, 사업권을 따기 위해 벌이는 경쟁 프레젠테이션 등도 포함할 수 있겠습니다. 물론 이것만이 전부는 아니겠지만, 크게는 '영업' 프레젠테이션, '보고' 프레젠테이션 그리고 강의나 세미나 등 각종 '설명' 프레젠테이션으로 분류해볼 수 있습니다.

프레젠테이션의 3요소

어떤 상황이든 프레젠테이션에는 빠지지 않는 세 가지가 있습니다.
바로 주제, 프레젠터 그리고 청중입니다. 연극의 세 가지 요소는 무대, 배우, 관객이라고 배웠던 기억이 떠오르는 순간이네요. 주제는 프레젠테이션이 '무엇'에 관한 것이고 '무엇'을 목적으로 하는가에 관한 것입니다.

프레젠터는 프레젠테이션을 준비하고 실행하는 사람으로, 말을 하는 사람입니다. 청중은 듣는 사람으로 청중의 반응과 이후 행동 변화에 따라 프레젠테이션의 성패를 판가름하는 것이니, 청중은 프레젠터를 들었다 놨다 하는 사람이라고 볼 수 있습니다.

프레젠테이션의 3요소

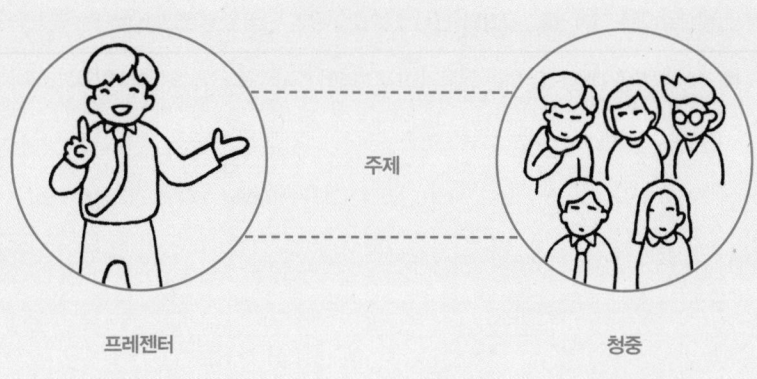

지난 일 년, 저는 세 차례의 큰 프레젠테이션을 준비했습니다.

하나는 영업 프레젠테이션으로 고객에게 우리의 솔루션과 서비스를 제안한 것이었습니다. 다른 하나는 CEO에게 부서의 새로운 업무 과제를 보고하기 위해 준비한 프레젠테이션이었습니다. 마지막 하나는 강의를 위한 것으로 글로벌 사업을 준비하는 인력을 대상으로 영업 프레젠테이션의 핵심 요건을 주제로 하였습니다.

개인적인 프레젠테이션을 하나 더해볼 수 있을 것 같은데요. 저는 미술관에서 자원봉사활동의 일환으로 전시작품을 관람객들에게 설명하는 도슨트로 활동 중입니다. 지난해 미술관으로서는 의미 있는 규모의 전시가 있었습니다. 이를 준비하고 실행하는 과정도 관람객인 청중을 대상으로 하는 일종의 프레젠테이션 사례로 꼽을 수 있지 않을까 합니다. 이제 보니 회사에서 하는 업무가 바뀐 것도 아닌데 한 해 동안 참 여러 상황의 프레젠테이션을 했습니다. 영업, 보고, 강의, 설명! 자, 그럼 하나하나 살펴보도록 하죠.

> 프레젠테이션은 크게 영업, 보고, 설명 프레젠테이션으로 나눌 수 있다.

영업 프레젠테이션

영업 프레젠테이션

영업맨

솔루션/서비스의 장점

고객

프레젠터　　　　　주제　　　　　청중

영업 프레젠테이션은 '고객'이라는 청중을 대상으로 영업자인 '발표자'가 솔루션과 서비스의 장점을 토대로 한 '자료'를 준비해 설득하는 것입니다.

우리의 청중은 다른 사람들에 비해 좀 더 까칠한 사람들입니다. 사람들은 판매를 강요당하는 것은 매우 싫어합니다. 하지만 물건을 사는 것은 너무 좋아한다고 하죠.
영업 프레젠테이션을 할 때 '구매'를 해야 하는 고객의 경우 표면적으로는 호의적일 수 있습니다. 하지만 아무래도 다른 청중에 비해서는 방어적이거나 비판적인 입장이 강합니다. 본인들에게 필요한 얘기가 아니라고 판단되면, 프레젠테이션을 즉각적으로 중단할 수도 있고, 언제라도 그럴 태도를 갖고 있습니다.

흔히 '잘나가는 영업맨~'이라고 하면 말주변이 뛰어나서 능히 고객을 설득해 판매로 이끄는 사람이라고 생각합니다. 하지만 설득의 핵심은 상대방이 원하는 것을 찾아내 그에 적합한 해결책을 제시하는 것입니다.

영업 프레젠테이션에서 필요한 것은 우리의 솔루션과 서비스를 자랑하는 것이 아니라, 고객이 '진짜' 원하는 바가 무엇인지 찾아내기 위해 '듣고(Listen to the buyer)-질문하고(Ask real questions)-제안하기(Offer a solution)'입니다. 발표자에게는 준비한 바를 청산유수와 같이 뱉어내는 말주변보다 고객이 진짜 원하는 바를 이끌어낼 수 있는 대화의 능력이 요구되는 거죠.

프레젠테이션 자료는 대화를 위한 토대가 되는 것입니다. 따라서 결정된 답보다는 대화를 할 수 있는 여지를 만들 수 있는 자료가 요구됩니다.

> 고객이 진짜 원하는 바가 무엇인지 찾아내기 위해서는
>
> 듣고, 질문하고, 제안하는 과정을 거친다.

제안 프레젠테이션

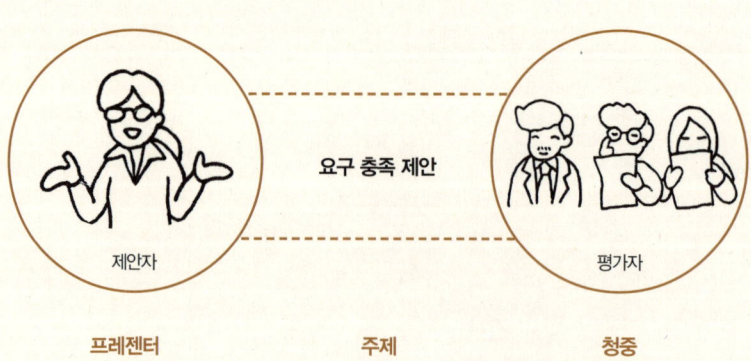

영업 프레젠테이션의 마지막은 입찰 경쟁을 전제로 하는 제안 프레젠테이션입니다. 이 경우 청중은 '평가자'입니다. 발표자는 평가자 측에서 요구한 바를 충족시켰는지, 경쟁사에 비해 더 나은 바는 무엇인지 등을 바탕으로 구성해 프레젠테이션을 합니다. 영업의 최종판으로 고객에게 자신의 솔루션이나 서비스 구매에 대한 확신을 주기 위한 프레젠테이션입니다.

청중은 '평가'의 눈으로 입찰에 참여한 여러 업체들과 비교 평가를 합니다. 그리고 어느 업체를 선정할 것인지 최종 결정을 내립니다. B2B(기업 간 상거래) 구매의 경우 소요되는 금액이나, 구매 결정의 영향력은 B2C(기업과 소비자 간 상거래)에 비할 수 없을 정도로 크기 때문에 신중한 결정을 내리기 위해 매우 엄격한 판단을 합니다.

제안 프레젠테이션의 경우 보통 준비한 발표를 하는 세션과 평가자와 질의응답을 하는 세션으로 구성됩니다. 이 중에서 평가자의 판단에 결정적 영향을 미치는 것은 일방적 발표보다 '질의응답'입니다. 평가자는 '어떤 내용으로 준비했는가'는 물론, '원하는 것을 얻을 수 있을까? 합당한 가격일까? 말한 대로 실행할 수 있을 것인가?'와 같이 사업자를 검증하는 데 관심을 두기 때문입니다.

그렇기 때문에 오히려 질의응답을 잘 준비하는 것이 경쟁에서 이기고, 사업을 수주하기 위해 요구되는 바입니다.

보고 프레젠테이션

보고 프레젠테이션

보고자

의사결정 요구사항

의사결정자

프레젠터   주제   청중

보고 프레젠테이션은 '의사결정자(상사)'인 청중을 대상으로, 보고자인 '발표자'가 의사결정을 요구하는 '자료'를 준비해 실행합니다.

아무래도 보고자와 보고를 받는 사람은 공동의 목표를 추구하기 때문에 이 경우의 청중은 고객보다는 덜 까칠한 사람들이라고 생각합니다. 하지만 사실 안심할 수는 없습니다. 아는 사람이 더 무서운 경우도 많으니까요. 보고를 받는 사람들의 관심은 발표를 하는 사람보다는 '보고의 목적은 분명한가, 보고 목적에 적합한 내용이 준비되었는가'와 같이 '자료'에 좀 더 치중되어 있습니다.

그러나 자료의 완성도에 국한해 보고를 판단하고 의사결정을 내리기보다는 여러 질문을 통해 자료에 드러나지 않은 정보들을 파악하고 이를 종합해 결론을 내리게 됩니다. 대체적으로는 말이죠. 때로는 참석한 사람들과 토론을 통해 결론에 도달하기도 합니다.

그러므로 보고 프레젠테이션의 경우도 보고자의 일방적인 '보고'가 전부가 아니라 질문과 토론이 복합된 것이라고 할 수 있습니다.

강의나 설명 프레젠테이션

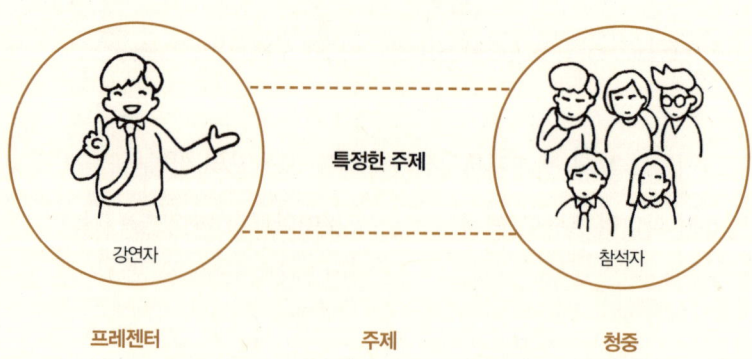

강의나 설명 프레젠테이션은 어떨까요?

아무래도 영업이나 보고에 비해 발표자의 부담이 적은 프레젠테이션이죠. 발표자의 역량(혹은 개인기)에 발표의 결과가 달라지기도 합니다. 청중도 다른 청중들에 비해 들을 준비를 갖고 있다고 할까요? 비판적이기보다는 좀 더 수용적이라고 볼 수 있습니다.

그러나 그렇다고 해서 강의를 하는 사람이 일방적으로 지식이나 정보를 쏟아내는 방식이어서는 안 됩니다. 그런 강의를 들어보신 분이라면 얼마나 지루한지 짐작이 되시죠? 아마 전달하고자 했던 지식이나 정보가 청중에게 가기도 전에 공중으로 사라져버릴 가능성이 더 큽니다. 물론 그 중에도 강의 내용이 듣고자 했던 것이었다면 '재미있었다, 유익했다'라고 평가할 수도 있겠습니다만…….

강의 프레젠테이션의 본래의 목적은 강의의 내용을 청중이 지식으로 가져갈 수 있도록 만드는 것이 핵심입니다. 이런 강의 프레젠테이션이 되도록 하는 방법은 '질문을 하고, 청중이 스스로 생각하고 답하게 만드는 것', 즉 청중을 강의에 참여시키는 것입니다. 사람들은 일방적으로 들어서 기억하는 것보다 자신의 생각으로, 입으로 내뱉은 것을 더 잘 기억하기 때문입니다.

그러므로 강의 프레젠테이션은 청중에게 지식을 어떻게 쥐어줄 것인가보다는 어떻게 가져가게 할 것인가에 대해 더 고민해봐야 합니다.

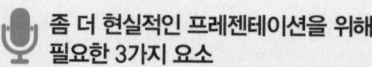 좀 더 현실적인 프레젠테이션을 위해
필요한 3가지 요소

- '발표자의 쇼'보다는 '톡'
- '감동 스토리'보다는 '메시지'
- '준비된 스크립트'보다는 '질문'

어떠한 프레젠테이션인가에 따라 부담감도 다르고, 준비해야 하는 바도 다릅니다. 그러면서 우리가 '좋은' 프레젠테이션의 기준으로 삼는 세 가지 요소(스타 발표자, 감동 스토리, 심플한 자료)가 늘 그대로 들어맞는 것은 아니라는 것을 실감합니다. 앞서 사례로 든 영업 프레젠테이션, 제안 프레젠테이션, 보고 프레젠테이션, 강의 또는 설명 프레젠테이션 모두 스타 발표자, 감동 스토리, 심플한 자료보다는 각자의 목적에 맞는 요건을 갖추는 것이 요구되었습니다. 그러면서도 공통의 요소를 필요로 하고 있습니다. 눈치채셨나요?

좀 더 현실적인 프레젠테이션을 위해 우리에게 필요한 요소는 다음 3가지입니다.

첫째, 발표자의 쇼보다는 톡
둘째, 감동 스토리보다는 메시지
셋째, 준비된 스크립트보다는 질문

자, 그럼 하나씩 파헤쳐볼까요?

Part 02

'쇼' 보다는 '톡'

Show-Talk

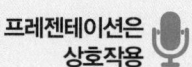

한때는 저도 프레젠테이션은 '쇼'여야 하는 것이라고 생각했습니다. 스티브 잡스가 제품 설명회에서 맥에어를 노란색의 서류봉투에서 꺼내 들며 '얇다는 것'을 강조하는 프레젠테이션을 보고, '아! 이런 거구나'라고 생각했습니다. 이렇게 뭔가 멋진 장면이 연출되어야만 기억에 남고 오래도록 얘기되는 프레젠테이션이 되는 것이구나, 이런 '쇼'적인 연출이 있어야 성공적인 프레젠테이션이 되는 것이구나라고 생각했었습니다. 그러나 그건 성공적인 신상품 출시라는 목적을 달성하기 위해 취한 방법으로, 프레젠테이션의 방법 중 극히 일부분에 불과하다는 것을 알게 되었습니다.

우리가 프레젠테이션의 성공에 대해 얘기할 때 보통 두 가지의 관점으로 생각해볼 수 있습니다. 하나는 프레젠테이션 자체의 성공에 관한 것으로, 프레젠테이션을 행하는 시간이 별탈 없이, 별 이슈 없이 잘 끝나는 것입니다. 이를 위해서는 준비가 철저해야 하고, 어떤 상황이든 대응이 가능해야 합니다. 이때 프레젠테이션을 이끌어가는 발표자의 역량, 발표 자료의 완벽함을 요구합니다.

다른 하나는 프레젠테이션의 목표를 달성했는가에 관한 것입니다. 예를 들어 영업 프레젠테이션이라면 제품을 판매하는 것이 목표가 되겠죠. 이때의 성공이란 프레젠테이션을 마치고 나서 청중에게 기대한 바를 얻게 되었는지 아닌지로 판가름하게 됩니다.

두 가지는 엄연히 차이가 납니다. 프레젠테이션의 목표를 달성했는가는 '목표'에 관한 것이고, 프레젠테이션을 무사히 잘 마쳤는가는 '수단'에 관한 것입니다. 목표와 수단을 착각해서는 곤란합니다.

프레젠테이션이 '쇼'라는 것은 자칫 목표보다 수단을 앞세우는 것이 될 수 있습니다. 어떻게 하면 화려하고 멋지게 프레젠테이션의 과정을 만들어갈 것인가에 초점을 맞추다 보면, 정작 이 프레젠테이션을 왜 하게 되었는지 잊어버리게 되는 일이 종종 발생합니다. 한참을 웃거나 울거나 혹은 감동을 받았는데, '그런데 뭐지?' 하는 생각이 들게 되죠.

말을 잘하면 프레젠테이션을 잘할 수 있을 것이라고 믿는 것도 프레젠테이션은 '쇼'라는 착각에서 비롯한 것입니다. 프레젠테이션이 혼자 무대에 서서 잘 짜여진 대본대로 '쇼'를 하는 것이라면, 굳이 청중이 필요하지는 않을 것입니다. 비디오로 녹화해서 보여주면 되겠죠. '앗, 이것도 좋은 생각이겠다'라고 생각하시나요? 의도하지는 않았는데, 이

부분에 오히려 꽂히는 분도 있지 않을까 살짝 걱정되네요.

그렇지만 아마 프레젠테이션의 목표 달성이라는 측면에서 다시 검토해봐야 할 겁니다. 과연 비디오로 녹화해서 틀어주는 프레젠테이션이 본래의 목표를 달성하기에 적합한 방법인 것인가?라고 말이죠. 수많은 온라인 교육 과정이 그리 성공적이지 않은 이유, 적어도 학습자로서 느끼기에는 그리 성공적인 학습 방법이 아닌 이유를 생각해볼 수 있지 않을까 싶습니다.

그럼 '쇼'가 아니라 '톡'이라고 하는 것은 무엇이 다른 것일까요?
'쇼'가 일방적이라면, '톡'은 상호작용을 전제로 합니다.

'쇼'는 수단으로서의 완벽성을 추구한다면, '톡'은 목표를 보다 우선한다는 점이 다릅니다. 사전적으로도 '쇼'는 보이거나 보도록 늘어놓는 일, 일부러 꾸미는 일을 비유적으로 이르는 말입니다. 특히 쇼가 일방적일 때는 "쇼하고 있네"라며 빈정거리게 되기도 하죠.
'톡'은 음성 기호로 생각이나 느낌을 표현하고 전달하는 행위 또는 그런 결과물이라고 정의하고 있습니다. '쇼'와 '톡'의 차이를 극명하게 드러내기 위해, 일부러 사전까지 인용

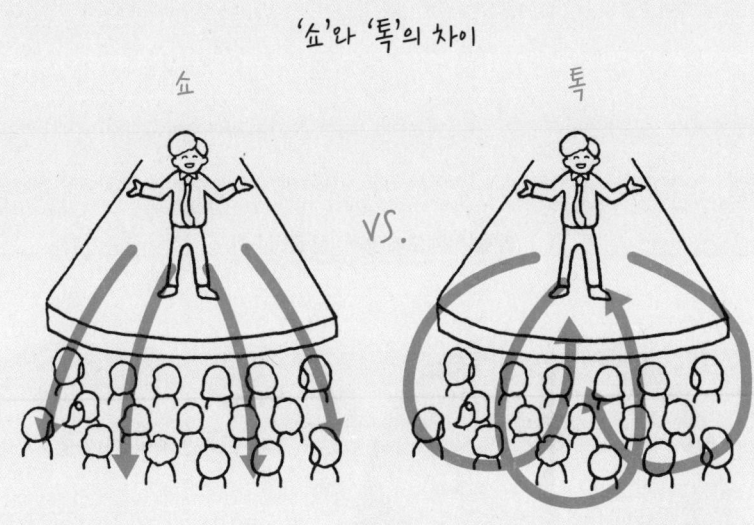

'쇼'와 '톡'의 차이

하며 지나치게 일반화한 것이 아닌가 싶은 생각이 들기도 합니다. 하지만 프레젠테이션 하면 여전히 '쇼'를 먼저 떠올리는 오류를 바로잡아보고자 이런 비교를 해보았습니다. 이제 프레젠테이션에서 왜 '톡'이 중요한지 살펴보도록 합시다.

톡을 위한 프레젠테이션 준비 순서

'톡'을 위한 프레젠테이션 준비순서

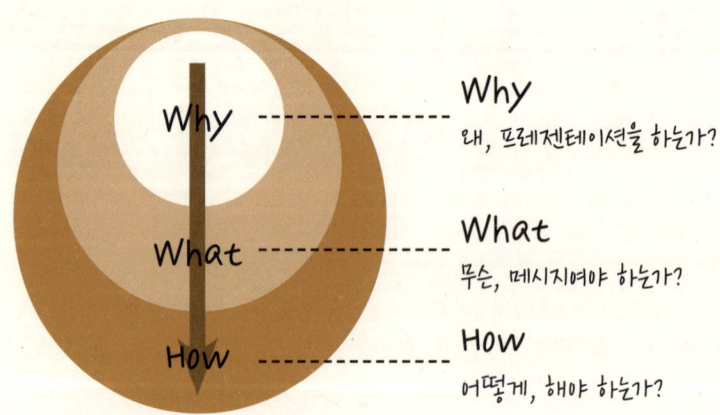

Why — 왜, 프레젠테이션을 하는가?

What — 무슨, 메시지여야 하는가?

How — 어떻게, 해야 하는가?

프레젠테이션이 '쇼'보다 '톡'이라고 하는 것은 쇼를 하지 말아야 한다는 의미가 아닙니다. 수단에 앞서 목표가 먼저 수립되어야 한다는 점을 강조하는 것입니다. 제품을 팔기 위한 프레젠테이션을 했는데, '쇼'를 잘했다고 박수를 아무리 받아도 제품은 정작 하나도 팔지 못했다면 무슨 소용이 있을까요? 프레젠테이션에서 가장 중요한 것은 프레젠테이션을 '왜' 하는지에 대한 목표를 분명히 하는 것입니다.

텔레비전을 보면 가끔 그런 광고가 나오죠. 실컷 이슈를 만들어내어 사람들 입에 오르내리지만 정작 소비자들이 제품에 대해 인지하지 못하고 그래서 구매로 연결되지도 않은 경우 말이죠.

프레젠테이션을 준비하는 순서는 다음과 같아야 합니다.

첫째, 왜 하는지, 어떤 목표를 수립할 것인가
둘째, 목표를 달성하기 위해 무슨 메시지여야 하는가를 정하는 것
셋째, 메시지를 효과적으로 전달하기 위해 어떻게 해야 하는가

보다시피 모든 과정은 '목표'로 이어집니다. '목표란 무엇인가, 목표 달성을 위해 무슨 메시지를 어떻게 전달해야 할 것인가.' 이런 과정으로 설계하는 것이 '톡!'하는 프레젠테이션입니다.

톡을 위한 목표를
먼저 수립하자

청중을 변화시켜라

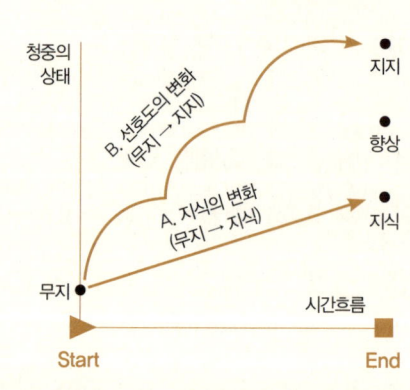

- 어떤 상태에서 어떤 상태로 변화시킬 것인가에 관한 것
- 지식, 혹은 선호도의 변화

프레젠테이션의 목표는 '설명'과 '설득'으로 나눠볼 수 있습니다.

설명이란, 어떤 일이나 대상의 내용을 상대편이 잘 알 수 있도록 밝혀 말하는 것입니다. 설득이란, 상대편이 자신의 이야기를 따르도록 여러 가지 방법으로 깨우쳐 말하는 것이라 정의되어 있습니다. 두 가지 모두 '상대편'이 등장하고, 그 '상대편'을 어떻게 변화시킬 것인가를 다루고 있습니다. 그림에서 보자면 지식의 변화를 꾀하는 'A'가 설명의 목표, 변화를 꾀하는 'B'가 설득의 목표를 시간흐름에 따라 설명하고 있습니다.

영업이나 보고 프레젠테이션은 '설득'의 목표를 갖고, 강의나 세미나 등은 '설명'의 목표를 갖습니다.

좀 더 상세하게 살펴볼까요?

영업 프레젠테이션은 설득을 위한 대표적인 프레젠테이션으로 회사의 솔루션과 서비스 판매를 촉진하는 것이 목표입니다. 보고 프레젠테이션의 경우 상사를 설득해 새로운 업무 추진에 대한 의사결정을 받거나 지원을 받는 것을 목표로 합니다. 강의 프레젠테이션은 지식을 전달해 청중인 수강생들이 해당 지식을 잘 사용할 수 있도록 변화시키는 것을 목표로 합니다.

무엇이든 '청중을 변화시키다'는 점에서는 공동의 목표를 추구하고 있습니다. 그리고 그 목표가 청중과 공감이 되어야만 상호작용이 가능한 '톡'을 할 수 있습니다.

목표는 주제와 청중에 따라 달라진다

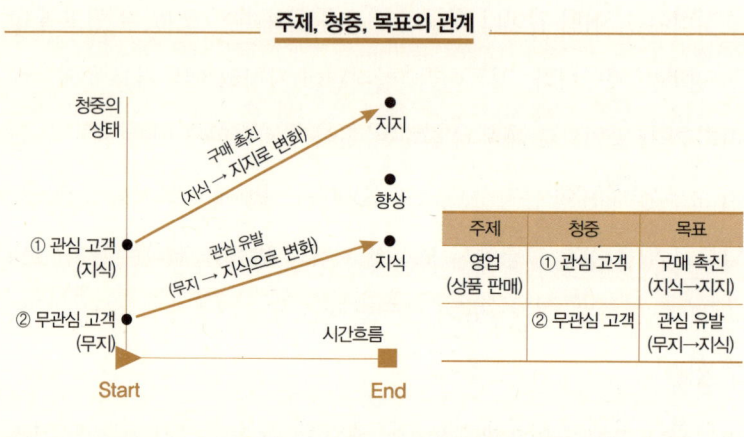

어떤 주제로 프레젠테이션을 하느냐에 따라 목표는 달라집니다. 주제가 같더라도 청중이 달라지면 목표도 달라집니다. 목표가 달라진다는 것은 프레젠테이션의 스토리와 기법도 달라져야 한다는 것을 의미합니다.

그림에서 보는 것처럼, 관심 고객을 대상으로 하는 영업 프레젠테이션과 무관심 고객을 대상으로 한 영업 프레젠테이션은 목표가 다릅니다. 무관심 고객에게 처음부터 무조건 제품을 구매해달라고 하는 목표를 가져가는 건 무리라는 거죠. 반면에 이미 관심을 갖고 있는 고객에게 굳이 관심을 유발하겠다는 목표를 가져갈 필요도 없습니다.

그러므로 프레젠테이션 준비는 주제와 청중 분석 결과에 따라 가장 적합한 '목표'를 수립하는 것으로 시작합니다.

그러나 '화려한 기법'이나 '스토리' 등에 밀려 프레젠테이션을 '왜' 하는지 그 '목표'가 간과되는 경우가 꽤 많습니다. 어쩌면 '목표'는 당연히 알고 있다고, 굳이 별도로 수립하지 않더라도 뻔한 것이라고 생각해 제쳐두는 것인지도 모르겠습니다. 때로는 처음에는 명확했던 목표가 준비하는 과정에서 모호해지거나 왜곡되어버리는 경우도 있습니다. 그렇기 때문에 이런 일이 생기는 거겠죠.

기대를 받았던 영업 프레젠테이션이 있었습니다. 대상은 신규 고객입니다. 이 고객을 대상으로는 처음 프레젠테이션을 합니다. 애초에 목표는 고객이 처한 문제를 새로운 시각에서 해결할 수 있도록 솔루션을 제안하고, 고객과의 파트너십을 이끌어내는 것이었습니다.

그런데 프레젠테이션을 준비하는 동안 여러 의견들이 더해집니다. "고객이 우리 회사에 대해 잘 모르고 있으니 회사 소개부터 해야 하지 않겠어?", "고객이 우리를 신뢰하게 하려면, 우리 회사의 실적과 인지도에 관한 얘기도 좀 하자", "이런 걸 좀 더 더해. 저런 걸 좀 더 더해."

그 결과로 만들어진 프레젠테이션은 목표를 잃어버린 영업 프레젠테이션의 모습처럼 되어버렸습니다.

결과는 어떻게 되었을까요? 프레젠테이션을 마치고 돌아온 컨설턴트의 표정은 밝았습니다. 고객이 세 번쯤 웃어주었다면서 말이죠. 화기애애한 분위기였다고도 했습니다. 후기만 들어서는 꽤나 성공적인

목표를 잃어버린 영업 프레젠테이션

프레젠테이션이었구나 싶었습니다. 그러나 정작 같이 문제 해결을 해보자는 연락은 오지 않았습니다. 이쪽에서 연락을 취해도 차일피일 미루기만 했죠. 어찌된 일일까요? 여러분이 고객의 입장이었다면 그 이유를 알 수 있을까요?

청중으로서 고객은 예의를 차리느라 내색하지는 않았지만, 일방적으로 회사 자랑만 하는 데에는 관심을 두기 어려웠겠죠. 고객의 관심은 오로지 자신의 문제니까요. 애초의 목표에 따라 고객의 문제에 집중하는 프레젠테이션을 했다면, 다른 결과를 얻지 않았을까 생각합니다.

프레젠테이션의 목표는 프레젠테이션을 하는 이유이고, 그 목표란 프레젠테이션을 통해 청중을 변화시키는 것입니다. 아무도 동의하지 않는 프레젠테이션이라면 실패한 프레젠테이션입니다. 또한 청중에게 아무런 변화도 일으키지 못했다면, 이 역시 실패한 프레젠테이션입니다.

목표는 프레젠터가 바라는 것이다

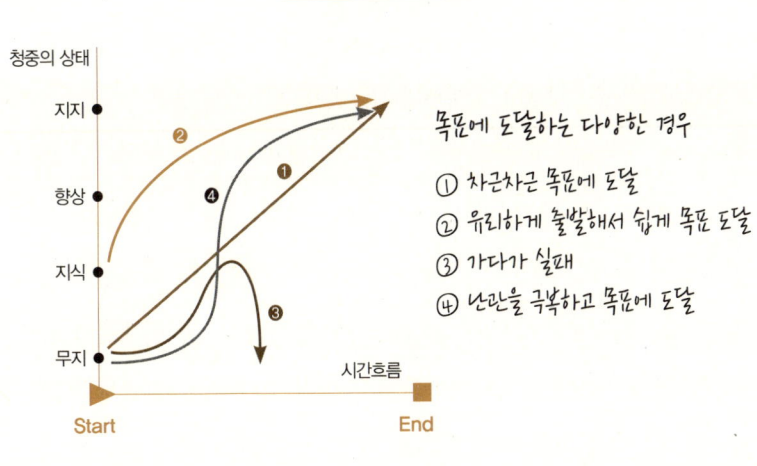

목표는 프레젠테이션을 하는 '프레젠터'가 바라는 바입니다. 즉 프레젠테이션을 통해 달성하고자 하는 바이죠. 그러나 이 목표를 구체화하는 것은 '청중의 현재 상태와 기대'입니다.

관심 고객을 대상으로 영업 프레젠테이션을 할 경우와 무관심한 고객을 대상으로 할 경우의 목표가 달라지는 사례를 앞에서 살펴보았습니다. 무관심한 고객을 상대로는 처음부터 판매를 설득하기란 쉽지 않습니다. 만약 청중의 현재상태가 무관심, 주제에 대해 별로 아는 게 없는 무지의 상태라면 프레젠테이션을 통해 먼저 그의 관심을 유발한 후, 다음 기회를 모색해보는 것이 더 적절합니다.

특히 영업 프레젠테이션의 경우 청중의 현재 상태와 기대를 분석하는 것이 중요한데요. 보고나 강의, 세미나 설명 등은 다시 할 기회가 주어지거나(보고의 경우에 해당), 실패했을 때의 파급력이 심각하지는 않겠죠(다시는 강의나 설명에 나서지 못할 수도 있겠지만).

반면에 영업 프레젠테이션은 한 번의 실패가 기회 상실로 이어져 큰 손실을 야기할 가능성이 큽니다. 첫 미팅에서부터 성급하게 구매를 성사시키고자 여러 얘기를 한꺼번에 풀어놓는다면 실패할 가능성이 커지겠죠. 또한 한 번 기회를 상실하면, 만회하기 위해서는 다른 프레젠테이션에 비해 훨씬 더 많은 노력이 필요합니다.

한방에 최종 목표를 달성하려는 것보다, 청중의 기대에 따라 점진적으로 목표를 구체화해나가는 것이 필요합니다. 그렇게 해야 힘도 덜 들고, 무엇을 해야 하는지도 훨씬 선명해질 테니까요.

그러면 대체 청중은 프레젠테이션에서 무엇을 기대하고 있을까요?

톡의 상대,
청중의 기대를 충족하자

청중은 까다로운 사람들이다

청중은 까다로운 사람들입니다. 청중의 반응과 이후 행동 변화에 따라 프레젠테이션의 성패를 판가름하는 것이기 때문에, 청중은 프레젠터를 들었다 놨다 하는 사람이죠.

청중이 까다롭다고 말하는 이유는 프레젠테이션을 하는 프레젠터에 대해 "나랑 무슨 상관이야?", "에이, 말도 안 되는 소리", "지루하네, 맨날 하는 소리잖아"와 같은 평가를 아무 부담 없이, 거침없이 내리기 때문입니다. 까다롭다기보다는 무섭다고 해야 할까요? 청중의 이런 반응은 대개 자신들의 기대와 관심에 부합하지 않는 프레젠터에게 쏟아집니다.

아주 오래 전 일이긴 한데, 동료의 거짓말 "자기계발에 관한 괜찮은 강의가 있으니 같이 가볼래?"에 속아, 다단계 판매원 모집 강의에 참석한 적이 있습니다. 프레젠테이션을 하는 사람은 아주 열정적으로 사파이어니 다이아몬드니 하는 레벨과 보상에 대해 떠들어대고 있었죠. 하지만 저는 한시라도 빨리 자리를 뜨고 싶었습니다. 관심도 없고, 그들이 말하는 보상이라는 것이 그리 현실적이지 않아 보였습니다. 게다가 이미 여러 신문기사를 통해 알고 있던 수법이 그대로 재현되고 있었으니까요. 한편으로는 저한테는 '뻔하고, 지루하고, 관심 없는' 프레젠테이션이었지만 관심 있는 누군가(이를 테면 저를 참석시킨 동료)에게는 맘에 쏙 드는 프레젠테이션이자, 기꺼이 요구하는 바대로 실행할 수 있는 마음이었을 겁니다.

모든 청중의 기대와 관심이 똑같을 수는 없지만, 청중은 프레젠테이션에 대한 기대와 관심을 갖고 있습니다. 새로운 정보를 알고 싶어 합니다. 또 지식을 습득하고 싶다거나 구매를 결정하기에 앞서 장점이나 단점과 같이 평가할 수 있는 속성을 파악해보거나 혹은 마지막 결정을 내릴 수 있는 정보를 얻고자 합니다. 그리고 이러한 기대와 관심은 청중이 처해 있는 상황에 따라 달라집니다.

얼마 전, 어느 영업맨이 어떤 솔루션을 소개하러 오겠다고 했습니다(이렇게 모호하게 밖에 말할 수 없는 점은 양해해주시길). 사실 그 솔루션에 대한 관심은 없었지만 오케이를 했습니다. 그 동안의 관계를 생각하면 1시간 정도 시간을 내어주는 것은 크게 부담되지 않는다고 생각했죠. 또한 트렌드를 파악한다는 점에서도 나쁘지 않는 것이라고 생각했기 때문입니다. 구매를 전제로 하지 않았기 때문에 평가보다는 정보 습득에 더 관심을 둔 것입니다.

그런데 약속을 잡고 나서 상황이 변했습니다. 내부 사정에 의해 해당 솔루션의 구매를 고려해야 할 상황이 되었고, 타 솔루션과의 비교가 필요해졌습니다. 관심이 정보 습득에서 평가로 변한 거죠. 듣는 태도도 달라지고, 질문도 달라졌습니다. 솔루션을 소개하러 온 영업맨의 입장에서도 단기적인 판매 목표를 가지고, 보다 적극적으로 프레젠테이션을 하게 되었죠.

만약 청중의 관심은 정보 습득에서 평가로 변했는데, 여전히 새로운 트렌드니 하는 정보 전달에 치중한 프레젠테이션이 되었다고 생각해보세요. 청중의 입장에서는 '에이, 듣고 싶은 얘기는 아니다'라며, '이 솔루션은 아직 실체는 없나봐'라거나 '이 솔루션이 타 솔루션보다 나은 점은 잘 모르겠는걸'이라며, 섣부르게 판단을 내리게 되겠죠.

청중이 프레젠테이션에 대해 기대하는 바는 곧, '듣고 싶은 바를 들었는가' 입니다.

'청중이 듣고 싶은 바'라는 것은?

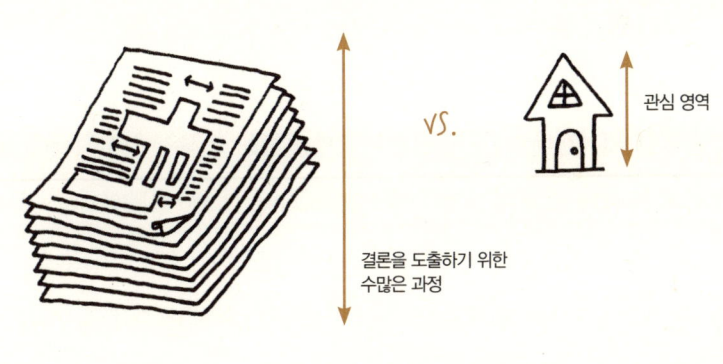

그럼, 다시! '청중이 듣고 싶은 바'란 무엇일까요?

청중에 따라 듣고 싶어 하는 바는 제각각이겠지만, 다음 세 가지의 특징으로 요약할 수 있습니다.

첫째, 무엇보다는 '**왜**'

둘째, 논리적 과정보다는 '**결론**'

셋째, 구성 요소보다는 기대할 수 있는 '**가치**'

프레젠테이션을 준비하는 우리에게 '왜'는 어쩌면 당연하다고 생각할지도 모릅니다. 우리는 이미 '왜'라는 과정을 지나왔으므로, 청중에게 '왜'부터 다시 얘기할 필요는 없다고 생각해버리죠. 특히 보고 프레젠테이션의 경우 지시를 받고 만들다가 보고를 할 즈음에 이르러서야 '왜'라는 논리를 찾게 되는 경우도 있습니다. 별로 바람직한 상황은 아닌 것 같죠?

완성된 프레젠테이션이 나오기까지, 수많은 사고와 선택의 과정을 거치게 됩니다. 결론을 내리기까지 여러 대안들을 검토하기도 합니다. 여러 대안들을 검토할 때 평가 요소로 사용하게 되는 요소들도 있을 것입니다. 그러한 요소들이 객관적임을 증명해주는 자료들도 있을 겁니다. 프레젠터는 결론이 합당함을 증명하기 위해 과정에 논리성을 자꾸 부여하려고 하죠. 그러다 보면 논리적 프레임을 제시하고 프레임에 따라 순차적으로 그 과정을 보여주는 것이 프레젠테이션의 대부분을 차지하게 됩니다. 청중에게는 지루한 과정이죠. 듣고 싶은 건 과

정보다는 그러한 과정을 거쳐 도달한 결론입니다. 과정은 프레젠테이션을 준비하는 프레젠터가 잘 알아서 했을 거라고 믿고 말이죠.

보고가 아닌 다음에야 청중은 '같이 결론에 도달해보자'라거나 '과정에 따라 다른 결론에 도달해보자'라고 기대하지는 않습니다. 보고의 경우에도 과정의 내용은 '별첨(근거가 필요하면 별도의 보조 자료를 참조하세요'라는 의미)'에 첨부하는 것이지, 메인으로 등장하지는 않습니다.

'구성 요소보다는 기대할 수 있는 가치'라는 것은 프레젠터와 청중의 관점 차이라고 볼 수 있습니다. 프레젠테이션을 하는 프레젠터의 입장에서는 구성 요소의 강점을 보여주고 싶은 것이고, 듣는 청중의 입장에서는 그 구성 요소가 내게 어떤 의미가 되는지 어떤 가치를 줄 수 있는지에 관심을 두는 것이죠. 그러니 구성요소의 장점만 잔뜩 나열한다면 청중의 관심 밖으로 밀려날거라는 점이 뻔히 보입니다.

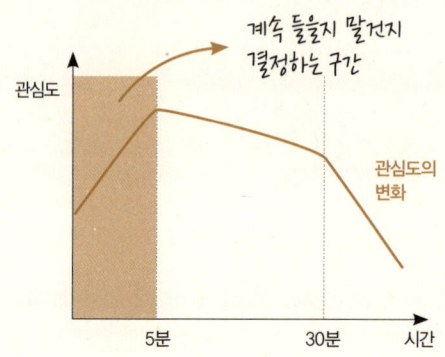

초반 5분이 핵심
초반에 청중의 관심을 끌지 못하면 끝!

또한 청중은 모든 프레젠테이션을 처음부터 끝까지 잘 들어준다기보다, 초반 5분 이내에 '집중해서 계속 들을 것인지 말 것인지'를 결정해버리는 경향이 있습니다. 초반에 '관심'을 끌지 못하면, 그야말로 끝!입니다.

그렇기 때문에 이미 아는 뻔한 얘기로 시작하거나, 주제와 무관한 얘기를 하거나, 새롭지 않은 이야기를 하는 것보다 그들이 듣고 싶어 하는 것을 먼저 얘기하는 것이 효과적이죠. 그러나 청중이 듣기로 결심했다고 해서, 끝까지 잘 들어줄 거라는 보장은 없습니다. 하지만 처음부터 듣지 않기로 결심하는 것보다는 좋은 출발 아닐까요?

청중의 관점

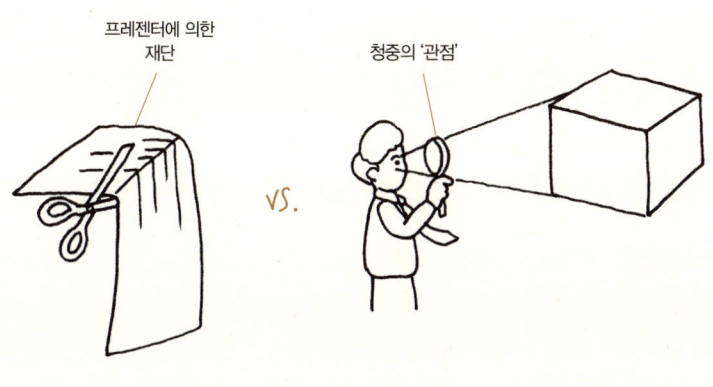

그런데 하나 더 생각해봐야 할 점이 있습니다.

청중이 듣고 싶어 하는 것이 진짜 청중이 듣고 싶어 하는 것인지, 아니면 프레젠테이션을 준비하는 프레젠터가 생각하기에 청중이 듣고 싶어 할 것이라고 여기는 것인지……. 어느 쪽인가요?

우리는 섣불리 자신의 경험에 비춰 '내가 청중이라면 이런 생각을 할 것 같아. 이런 얘기를 듣고 싶어할 것 같아'라고 속단해버립니다. 그 밑바탕에는 내가 하고 싶은 얘기가 곧 그들이 듣고 싶어 하는 얘기라는 생각이 깔려 있다는 것이죠. 정말, 그럴까요?

그럴 수도 있고, 아닐 수도 있습니다.

이에 대해 확인하는 방법은 청중에게 직접 묻는 것입니다. 무엇을 듣고 싶으냐고, 무엇을 준비하면 좋겠느냐고 말이죠. 하지만 그 방법이 쉽지 않다면, 청중과 비슷한 상황(동종 업계, 유사집단 등)에 처해 있는 사람들에게 물어볼 수도 있습니다. 그들도 역시 비슷한 고민을 갖고 있을 테니까요.

> 톡의 목표는
>
> 청중이 무엇을 듣기를 기대하는 것을
>
> 파악해서 수립한다.

청중에 대해
속속들이 알아보자

청중은 누구인가?

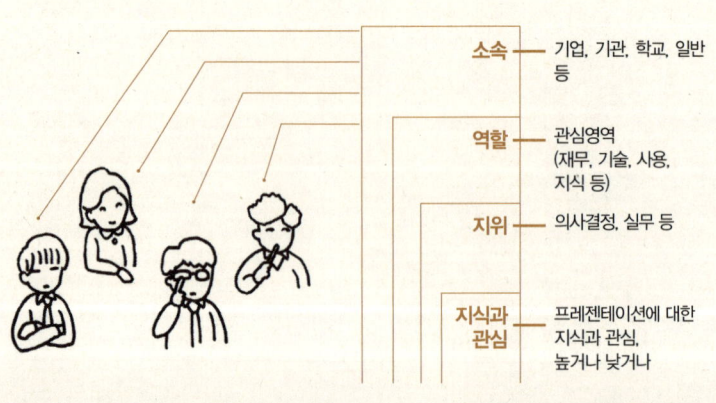

소속	기업, 기관, 학교, 일반 등
역할	관심영역 (재무, 기술, 사용, 지식 등)
지위	의사결정, 실무 등
지식과 관심	프레젠테이션에 대한 지식과 관심, 높거나 낮거나

청중의 기대와 관심을 파악하기 위해, 개인적 성향을 파악하는 것은 별로 필요하지 않습니다. 그 사람의 성격이 권위적이거나, 평소에 음악을 좋아하거나 하는 개인적 성향을 알아야 한다는 것은 아니라는 의미입니다.

오히려 그가 어떤 집단 혹은 조직에 속해 있는지, 집단 안에서 지위는 어떻게 되는지, 역할은 또 무엇인지, 처한 상황은 어떠한지를 파악하는 것이 중요합니다. 청중의 소속, 지위, 역할이 프레젠테이션에 대한 태도와 반응을 이끌어내기 때문입니다.

영업 프레젠테이션의 경우 청중은 구매 영향도에 따라 세 부류로 나눠볼 수 있습니다. 이때 구매 영향도를 결정하는 것은 바로 조직 내에서의 역할입니다.

〈영업프레젠테이션에서 구매 영향도에 따른 청중의 분류〉

1. 경제 구매 영향자(Economic Buying Influence)
   - 조직에 미치는 영향과 기대 이익(가격 대비 성능)에 관심
   - 구매조직, CFO 등이 해당

2. 사용 구매 영향자(User Buying Influence)
   - 제품이나 서비스가 수행할 업무에 미치는 영향에 관심
   - 실무조직이 해당

3. 기술 구매 영향자(Technical Buying Influence)
- 자신들의 전문적 영역에서 필요한 규격과의 일치 여부에 관심
- 기술조직이 해당

    제안 프레젠테이션의 경우 청중은 평가의 역할에 따라 역시 나눠볼 수 있습니다. 구매 영향도에 따른 세 부류의 평가자 외에도 평가의 객관성 유지를 위한 평가진을 추가해 네 부류로 나눠볼 수 있습니다.

〈제안 프레젠테이션에서 평가 역할에 따른 청중의 분류〉

1. 경영층
- 경영 전략과 일치하는가?

2. 관리자
- 비용 가치가 있는가? (투자 수익)

3. 실무진
- 무엇이 달라질 것인가? (AS-IS vs. TO-BE)

4. 외부 전문가
- 올바른 제안인가?

    청중이 어떤 부류에 속했는지 아는 것은 그들의 관심이 무엇인지

알아보는 것입니다. 청중의 관심이 무엇인지 아는 것, 즉 청중의 기대를 알아야 프레젠테이션의 목표를 정확히 수립할 수 있기 때문입니다.

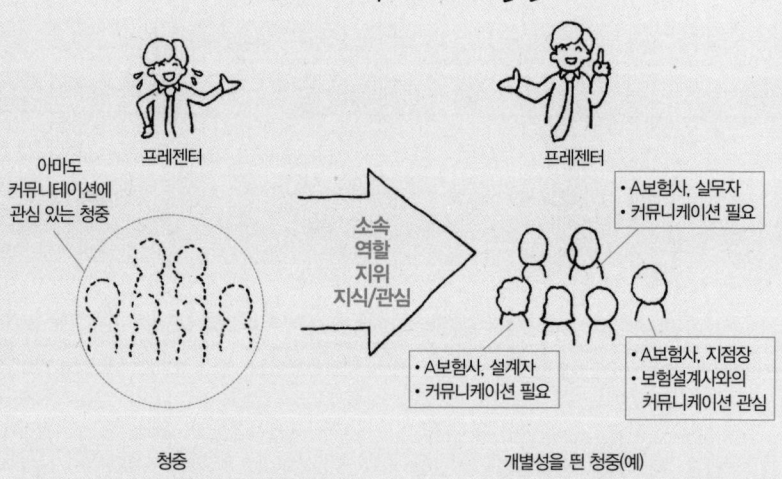

프레젠테이션의 경험이 꽤 많다고 할 수 있는 저로서도 여전히 청중은 두려운 대상입니다. 프레젠테이션을 준비할 때는 청중이 누구인지 잘 몰라서 두렵고, 프레젠테이션을 마치고 나서는 제가 느끼는 결과와 실제 청중의 반응이 다를까 두렵습니다.

저로서는 청중이 누구인지 잘 알고 있을 때 청중이 어느 순간 어떤 반응을 보일 것인지 예상할 수 있는 프레젠테이션이 가장 자신 있습니다. 그리고 청중의 반응을 적절하게

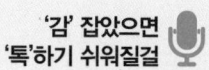

유도하고, 상호 작용을 할 수 있었다면 그 프레젠테이션은 성공적이었다고 평가합니다.

반면에 무표정하거나 과묵한 청중을 마주하게 되면, 입에서 나오는 말들이 꼬이기 시작하고, 무슨 말을 하고 있는지 자꾸 한 말을 또 하고, 또 하고……. 급기야 주어진 시간이 어서 끝나기만을 바라게 됩니다. 이런 프레젠테이션은 후유증도 오래갑니다. 다음 번에는 만회할 수 있기를 바라며 자꾸 문제가 무엇이었는지, 하나라도 잘한 점은 없었는지 곱씹게 되거든요.

청중은 모호한 누군가가 아닙니다. 청중은 개별성을 띠고 있습니다. 이를 구체화할 수록 청중의 관심을 끌어낼 방법을 찾기가 쉽습니다. 예를 들어 '커뮤니케이션이 중요한 어떤 사람의 고민'이라고 하는 것보다 '보험업계에서 보험판매원과의 커뮤니케이션을 해야 하는 관리자의 고민'이라고 하는 것이 청중의 고민을 이해하고, 그에 대한 해결안을 제시하고, 그와 얘기를 나눠볼 수 있는 거죠.

프레젠테이션에서 톡은 '감'을 잡는 것부터 시작합니다. 그러니 프레젠테이션을 준비할 때면 청중에 대한 정보를 가능한 많이 수집하는 것이 좋습니다. 아는 만큼 준비할 수 있고, 준비한 만큼 두려움이 줄어들 테니까요.

{ '감동' 보다는 '메시지' }

Show-Talk

감동의 부작용

자, 이번에는 무엇을 말할 것인지 얘깃거리를 정리해봅시다. 프레젠테이션의 얘깃거리 혹은 콘텐츠는 프레젠테이션의 목표를 달성하기 위해 청중을 상대로 설명하거나 설득하는 내용입니다.

'이야기의 힘'은 스티브 잡스의 프레젠테이션 이후 최근에 각광받는 'TED'식 프레젠테이션에서 강조하는 요소이기도 합니다. 잠시 설명을 하고 가자면, TED(Technology, Entertainment, Design)는 미국의 비영리 재단으로 기술, 오락, 디자인에 관해 정기적으로 강연회를 개최하고 있으며 '좋은 아이디어는 넓게 퍼뜨리고 공유해야 한다(Ideas worth spreading)'를 모토로 모든 강연을 인터넷으로 공유하고 있습니다. TED에서는 각 분야의 저명인사와 괄목할 만한 업적을 이룬 사람들의 다양하고 흥미로운 아이디어들이 발표되는데요. 그러다 보니 많은 사람이 새로운 아이디어를 듣고자 웹사이트를 방문합니다. 또한 다양한 강연자들의 프레젠테이션 스타일을 확인할 수 있기 때문에 그 점을 참고하기 위한 목적으로도 방문합니다.

TED를 프레젠테이션의 새로운 스타일로 여긴다는 점은 고무적이기는 합니다. 발표의 스킬이나 발표자의 역량보다 이야기가 갖는 힘을 대두시켰다는 점에서 말이죠. 그런데 부작용도 있습니다. 마치 프레젠테이션은 새롭고 독창적인 이야기이어야만 가능하다고 생각하게 된 거죠. 감동적 혹은 극적인 요소가 내포된 에피소드가 있어야만 성공적인 프레젠테이션을 하는 것으로 오해할 수 있습니다. 저만 오해하는 것인가요?

현재 TED를 이끄는 기획자인 크리스 앤더슨은 그의 글 '성공적인 프레젠테이션을 위한 방법(How to give a killer presentation, 하버드비즈니스 리뷰 2013. 6월호)'에서 이런 말을 합니다. '해야 할 이야기가 있다면, 프레젠테이션을 할 수 있지만 그 이야기에 핵심 주제가 없다면 하지 않는 것이 더 나을 것이다'라고요. 그의 견해에 따르면 프레젠테이션 스킬은 훈련과 연습으로 더 좋아지게 할 수 있지만, 기본적으로 프레젠테이션의 뼈대가 되는 이야기가 없다면 아무것도 할 수 없다고 합니다. 또한 가장 기억할 만한 프레젠테이션은 신선하고 누구도 시도해보지 않았던 것에 관한 것이지만 가장 최악의 것은 청중들이 '전형적'인 이야기라고 느끼는 프레젠테이션이라 합니다.

TED는 강연의 성격을 띠고 있으므로, '신선하고 시도하지 않았던 것'에 보다 초점을 맞추고 있다고 생각합니다. 그러나 여기서도 이야기가 '감동적'이어야 한다고 하지 않고 '핵심 주제'가 있어야 한다고 한 점에 주목해주시기 바랍니다.

우리는 누군가를 감동시키려는 목적으로만 프레젠테이션을 하지는 않습니다. 다양한 목적으로 프레젠테이션을 합니다. 다루는 내용도 제각각의 목적에 따라 다르죠. 늘 새롭거나 독창적이어야 하는 것도 아닙니다.

다만 모든 프레젠테이션에는 '메시지'가 있어야 합니다. 이제 프레젠테이션의 뼈대가 되는 메시지에 대해 살펴보도록 합시다.

메시지의 요건

메시지의 요건

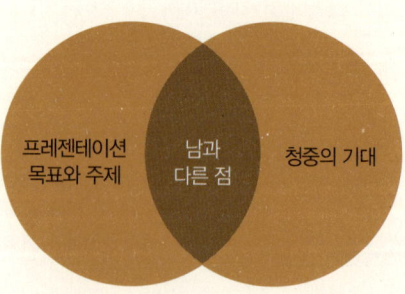

- 청중의 기대를 충족
- 프레젠터의 목표와 주제에 부합
- 남과는 다른 독창적인 것

프레젠테이션에서 메시지란 다음과 같은 요건을 갖춰야 합니다.

첫째, 프레젠테이션에서 메시지는 주제를 구체적으로 기술한 하나의 문장입니다. 이 책을 예로 들어본다면 주제는 '프레젠테이션'이지만, 메시지는 '프레젠테이션은 쇼가 아니라 톡입니다'가 됩니다.

둘째, 주제가 범주의 것이라면, 메시지는 구체적인 것입니다.

셋째, 메시지는 프레젠테이션을 준비하면서 모으거나 새로 작성한 수많은 자료를 하나로 엮어내는 줄기입니다.

넷째, 메시지는 프레젠테이션이 끝나고 나서 청중에게 각인되는 것입니다.

다섯째, 그래서 청중의 변화를 촉구하기 위해 제시하는 것입니다.

그렇다고 해서 메시지가 반드시 거창한 것일 필요는 없습니다.

여섯째, 다만 메시지는 프레젠테이션의 목표 그리고 청중의 기대와 관심에 부합하는 것이어야 합니다.

급작스레 30분 정도의 프레젠테이션을 요청받은 일이 있습니다. 4시간 분량의 강의를 요약해서 해달라는 요청이었습니다. 강의를 들었던 사람이 자신의 동료들에게도 강의를 전파하고 싶은데 직접 해줄 수 있겠느냐는 요청이었습니다.

별 부담 없이 준비하려 했으나, 고민이 되지 않을 수 없더군요. 30분으로 제약된 시간, 한해를 마무리하는 워크숍에서의 강의 진행, 강의 이후 예정된 회식. 흠, 짐작하시겠지만 너무 진지한 강의로 자칫 분위기를 저하시킬까 염려가 되는 상황이었습니다. 그렇다고 가볍게 요약하자니 강의의 핵심은 놓치게 될 것 같고요. 주제에 대한 청중들의 수준과 관심뿐만 아니라 그 시간에 대해 거는 기대까지도 충족시킬 수 있는 묘안이 필요했습니다.

우선, 청중의 구성을 파악해보았습니다. 약 100여 명 규모의 부서원들이 참석할 예정이라고 하더군요. 흥미롭지 않으면 주제에 집중시키는 것이 쉽지 않은 청중의 규모였습니다. 게다가 관련 지식이 적잖은 사람들이 이미 70퍼센트 정도는 되어 보이더군요. 그들이 다 아는 얘기를 해서는 집중은커녕 냉담한 기류가 흐를 가능성이 컸습니다. 그러니 기본 지식은 건너뛰어야겠다는 판단을 해야 했습니다.

그런데 사실 이 강의를 요청한 사람을 포함한 몇 명 외에는 그다지 관심을 두지 않았습니다. 부서 행사 차원에서 참석하는 것이지 지식을 얻기 위해 강의를 듣지는 않을 거라는 것을 예상할 수 있었습니다. 이럴 때에는 고민스럽죠. 이런 상황인데도 프레젠테이션은 해야 하는 것일까? 하는 생각이 들었죠. 하지만 이미 요청에 대한 승낙을 했으니 되돌릴 수도 없었습니다.

여러분이라면 어떤 프레젠테이션을 할 생각이십니까?

저는 프레젠테이션의 목표를 '요약 강의'가 아니라, '하나의 메시지만 기억하게 하자'로 결정했습니다. 지식을 전부 전달하기에는 짧은 시간이었죠. 그리고 관심도 없는 사람들을 상대로 잔뜩 준비해서 전달하겠다는 목표는 과욕이라는 판단이 들었습니다. 대신 지식을 보유한 사람들에게도 새로울 메시지(이 경우에는 새로운 용어의 개념 이해시키기)를 골라서 짧게 잘라 반복하는 프레젠테이션을 준비했습니다. 그럼에도 실제 프레젠테이션은 하기가 쉽지 않았습니다. 그래도 다행히 메시지는 전달한 것 같았습니다. 아마도(몇 분이나 기억하셨는지에 대해서는 확인은 못해봤습니다만).

유형별로 달라지는 메시지

영업/제안 프레젠테이션에서의 메시지

메시지의 핵심 요건은 '프레젠테이션의 목표, 청중의 기대와 관심을 충족시킬 것'입니다.

영업/제안 프레젠테이션의 목표는 솔루션 혹은 서비스의 판매입니다. 청중의 기대와 관심은 문제 해결을 위한 최적의 대안을 제대로 구매하는 것이 되겠죠.

영업/제안 프레젠테이션에서의 메시지의 구성 요소는 이렇습니다.

> **첫째,** 당신의 문제를 해결해줄 수 있어요(문제를 정확히 알고 있어요).
> **둘째,** 이것이 당신이 찾던 최적의 대안이죠(경쟁사보다 뛰어나요).
> **셋째,** 가치 있는 선택입니다(옵션 : 저는 믿으셔도 되요. 실력, 경력 다 갖추었으니까요).

영업/제안 프레젠테이션에서는 이 중 어느 하나라도 놓치면 곤란합니다. 이 경우에 청중, 즉 고객의 문제를 잘못 집어냈다면 "어, 좋은데……. 전 필요하지 않습니다"라고 말할 것입니다. 언제든 다른 솔루션이나 서비스로 대체 가능하다면 "좋습니다만, 가격은 어떻게 됩니까? 비싸면 말고요"라고 나오겠죠. 가치 있는 선택임을 증명하지 못하거나 실력과 경력을 증명하지 못한다면 "좋은 내용인데, 저희가 처음 구매하는 것이라고요? 흠, 그런 위험을 감수하고 싶지는 않는데요……"라는 반응에 직면하게 될 것입니다.

청중의 반응으로 짐작할 수 있듯이 메시지는 말에 불과한 것이 아닙니다. 나의 주장만으로는 충분하지 않습니다. 메시지로 주장했다면, 프레젠테이션에서는 이에 대한 증명을 제시할 수 있어야 합니다.

보고 프레젠테이션에서의 메시지

보고는 상황에 따라 착수 보고, 중간 보고, 결과 보고 등 시점에 따라 다를 수 있습니다. 문제 발생 시 보고, 변경 혹은 수정사항에 대한 보고, 정보 보고 등 내용에 따라 달라질 수 있습니다. 그러나 공통적으로는 보고 프레젠테이션의 목표는 의사결정의 요청입니다. 청중의 기대와 관심은 의사결정을 위한 충분한 정보를 습득하거나 파악하는 것입니다.

그렇다면 보고 프레젠테이션의 메시지 구성은 어떻게 되어야 할까요? 보고의 사안에 따라 달라질 수 있겠지만 다음과 같은 요소를 갖춰야 합니다.

첫째, 원하는 의사결정은 이거예요(당신이 해주셔야 합니다).

둘째, 이것이 당신이 찾던 최적의 대안이죠(여러 가지 대안을 분석했어요).

셋째, 가치 있는 결정입니다(옵션 : 실행안은 준비되어 있습니다. 결정만 내리면 당장 실행 가능합니다).

만약 청중이 원하는 바가 없으면 "그래서 나에게 뭘 원하는 것이지? 내가 무엇을 해줘야 하는 거지? 오늘 보고는 왜 하는 거지? 그냥 열심히 한다는 것을 알아달라는 것인가?"라는 반응을 보일 것입니다. 여러 가지 대안을 분석해 선택한 최적의 대안임을 제시하지 못한다면 "내 생각에는 검토가 충분하지 않은 것 같으니, 이런 저런 것을 더 분석해서 가져오도록"과 같이 보고를 처음부터 다시 해야 하는 결론에 이르게 될 것입니다.

보고 프레젠테이션은 의사결정의 가치, 실행안의 기대 가치를 제시해야 합니다. 결국 의사결정을 내리는 이유는 효과가 있다고 증명된 것에 대한 결정을 내릴 테니까요. '실행안'에 대한 계획이 포함되어야 할 경우에 이를 제시하지 못하면 "의사결정만 기다리고 있었던 것인가? 준비가 덜 된 거 아니야?"라는 얘기를 듣게 될 것입니다. 그리고 실행안에 대한 추가 보고 상황에 처하게 되겠죠.

우리는 대체적으로 직접 화법 쓰는 것을 주저하는 경향이 있기 때문에, 대충 보고 말미에 "의사결정 바랍니다" 정도로 마무리하거나 혹은 아무 요청사항도 없이 "이상입니다"로 끝내는 경우가 많습니다. 그러나 의사결정권자들은 대체적으로 수많은 의사결정 상황에 놓여 있기 때문에 시간도 없고, 머리는 복잡하죠(그렇다고 합니다). 모호한 요청 사항은 아무런 요청을 하지 않는 것과 같습니다. 짧은 시간 내 원하는 결론에 도달하기 위해서는 핵심 메시지를 추려내고, 이를 명시적으로 제시하는 것이 필요합니다.

강의 프레젠테이션에서의 메시지

강의 프레젠테이션의 목표는 새로운 지식이나 관점을 설명하는 것입니다. 청중의 기대와 관심은 몰랐던 지식을 습득하거나, 기존 지식을 강화하는 것입니다.

강의 프레젠테이션의 메시지는 다음과 같은 구성 요소를 갖춰야 합니다.

첫째, 오늘의 주제입니다(이 주제를 궁금해하고 있죠?).
둘째, 새로운 개념 혹은 방법입니다(기존의 지식이나 방법과는 다릅니다).
셋째, 가치 있는 주제입니다(옵션 : 사례로 증명하죠. 실제 어떻게 작동하는지 이해할 수 있도록 해야 합니다.).

강의는 설득보다는 설명을 목표로 합니다. 그렇기 때문에 메시지는 행동 변화를 촉구하는 주장이라기 보다는 강의하는 콘텐츠에 대한 '한 줄 요약'인 경우가 많습니다.

주제를 언급하는 것은 청중과 강사가 동일한 범주에서 출발하기 위한 것으로, 주제에 대한 인식이 다르다면 이후 새로운 개념이나 방법이니 하는 것들이 무의미해질 수 있습니다. 그렇기 때문에 빠뜨리지 않고 주제를 언급하는 것이 필요합니다.

새로운 개념 혹은 방법은 강의의 핵심으로, 이 메시지가 없다면 사실 그 강의는 가치가 없다고 말할 수 있습니다. 다른 사람의 말이나 생각, 강의 자료마저 베낀다거나, 청중도 이미 아는 뻔한 내용으로 강의를 한다면, 청중의 입장에서는 시간 낭비라고 생각할 수밖에 없습니다. 마지막으로 이 주제를 수용할 만한 가치가 있다는 점을 제시합니다. 청중의 입장에서 말이죠.

옵션으로 제시한 사례 증명은 메시지에 포함되기보다는 청중의 이해를 돕기 위해 프레젠테이션 도중에 인용하는 것으로 보는 것이 타당합니다. 예를 들어 '스티브 잡스 프레젠테이션의 비밀'과 같이 특정 사례를 언급하는 것이 메시지의 신뢰도를 높이고, 메시지를 강화하는 방법일 수도 있습니다. 청중들이 단번에 알아듣고, 이해할 수 있는 사례라는 것을 전제에 두고 말이죠.

> 프레젠테이션에서 메시지는 주제를 구체적으로 기술한 하나의 문장이다.

같은 주제라도
달라지는 메시지

메시지는 당연하게도 같은 주제라도 달라집니다. 그 이유는 프레젠테이션의 목표가 달라져서이기도 하고, 청중의 기대가 다르기 때문이기도 합니다. 그럼 무엇이 어떻게 달라지는지에 대해서 사례를 통해 살펴볼까요? 다루는 주제는 슬라이드 작성에 관한 것입니다.

슬라이드 작성 사례 1

   1. 청중 : 프레젠테이션 시각화의 스킬을 습득하고자 하는 사람

   2. 프레젠테이션의 목표 : 프레젠테이션의 시각화 방법을 쉽게 알려주기

   3. 핵심 메시지 : 3단계로 구성하는 참 쉬운 시각화

4. 메시지의 구성

슬라이드 작성 사례 2

1. 청중 : 프레젠테이션 시각화의 새로운 방법을 알고 싶은 사람

2. 프레젠테이션의 목표 : 기존 방법의 한계를 지적하고, 새로운 방법을 제시

3. 핵심 메시지 : 전달력 높은 시각화를 위해 '외형'보다 '전달력'을 우선 고려

4. 메시지의 구성

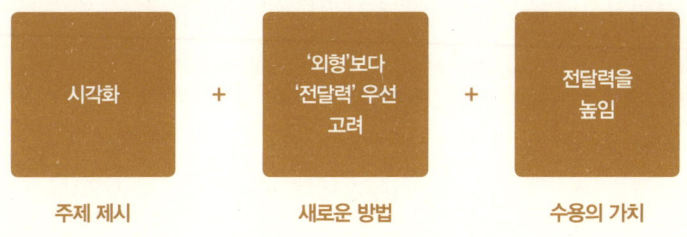

슬라이드 작성 사례 3

1. 청중 : 프레젠테이션 시각화의 어려움을 해소하고 싶은 사람

2. 프레젠테이션의 목표 : 시각화의 두려움을 깨주고, 새로운 시작점을 제시

3. 핵심 메시지 : 전달력 높은 시각화는 '하나의 명백한 포인트'가 핵심

4. 메시지의 구성

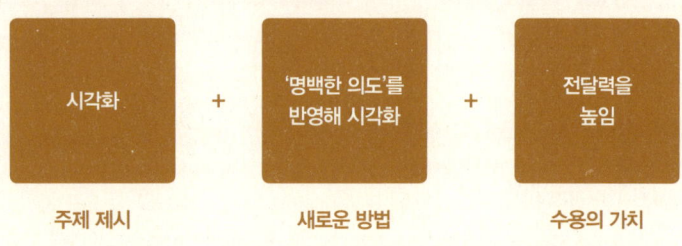

프레젠테이션에서 청중의 기대와 관심을 파악하기 위해 많은 노력을 기울였던 이유는 바로 청중에게 어떤 메시지를 전달할 것인가를 결정하기 위해서입니다. 같은 주제라도 메시지가 달라지는 것은 청중이 기대하는 바가 다르고 청중의 기대에 부합하는 메시지여야 프레젠테이션의 목표를 달성할 수 있기 때문입니다.

> 같은 주제라도 메시지는
>
> 청중의 기대에 따라 달라진다.

메시지를
강화하는 방법

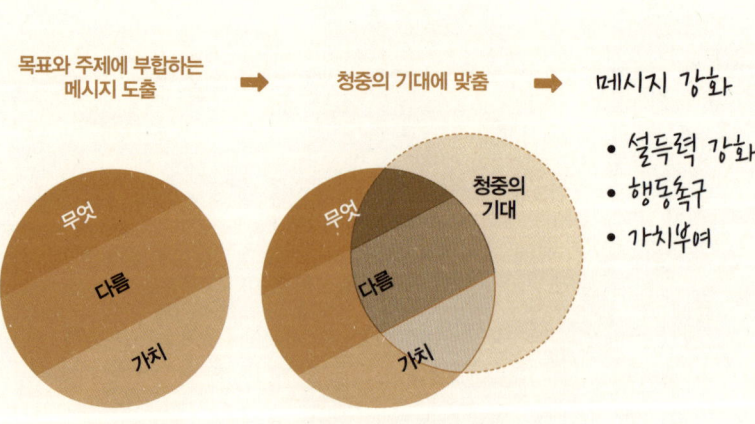

메시지가 필요하다는 점에는 충분히 공감하셨을 것이라고 생각합니다. 메시지의 구성 요소는 영업/제안, 보고, 강의 등 프레젠테이션에 따라 각기 다르다는 점도 이해하셨을 것이라고 생각합니다. 메시지의 구성 요소가 같더라도, 즉 주제가 같더라도 메시지는 청중과 프레젠테이션의 목표에 따라 달라져야 한다는 점도 앞선 사례를 통해 이해하셨을 것이라고 생각합니다. 맞……맞겠죠?

이번에는 메시지를 좀 더 강화하는 방법을 살펴보죠. 이는 메시지를 프레젠테이션의 목표에 부합하도록, 즉 목표 달성을 위해 제대로 작성하도록 만드는 과정입니다. 구성 요소를 갖춘 것만으로는 안심할 수가 없기 때문입니다.

메시지를 강화하는 방법은 다음 세 가지로 정리할 수 있습니다.

    첫째, 설득력을 강화하기 위해, 메시지의 문장을 바꿀 것
    둘째, 변화를 촉구하기 위해, '행동'이 가능하도록 할 것
    셋째, 왜 변해야 하는지, 청중이 느낄 수 있는 '가치'를 보일 것

문장을 바꿔 메시지의 설득력 강화

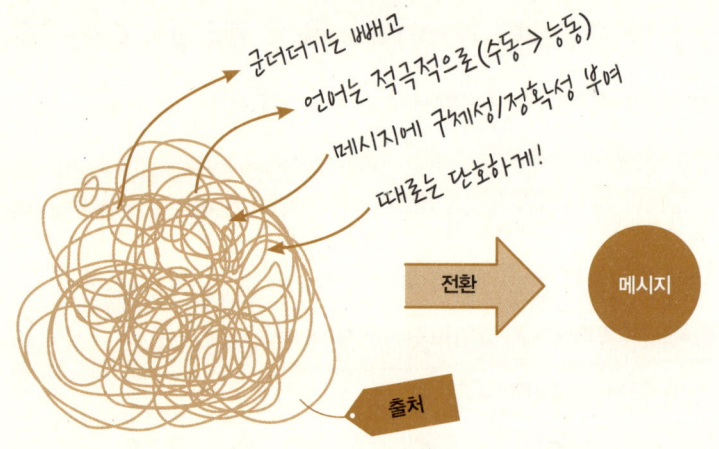

영업/제안 프레젠테이션이나 보고 프레젠테이션의 경우, 때로는 일부 강의 프레젠테이션은 청중을 설득하는 것이 목표입니다. 심리적 저항(?)을 갖고 있는 청중을 상대로 프레젠터의 주장을 펼쳐야 하는 만큼 메시지의 설득력이 중요합니다.

첫째, 메시지에 군더더기는 없는지 점검해봅니다.
'형용사', '부사' 등과 같은 꾸밈말을 우선적으로 점검해봅니다. 반드시 필요한 것이 아니라면 덜어내는 것이 더 낫습니다.

둘째, 언어를 보다 적극적으로 바꿔봅니다.
　수동형보다는 능동형이 더 적극적인 느낌을 주죠. '~되다'보다는 '~하다'를 선택합니다. 예를 들어 다음과 같습니다.

　　'이 방법은 3단계로 구성됩니다' 를 개선해
　　'이 방법은 3단계로 실행합니다' 로 바꿉니다.

　바뀐 문장이 보다 적극적인 메시지입니다. '구성됩니다'는 수동적으로 누군가에 의해 주어지는 상황인 것처럼 느껴집니다. 반면에 '실행합니다'는 주체적으로 행동에 옮겨야 할 것처럼 받아들여집니다.

셋째, 메시지에 구체성과 정확성을 부여합니다.
　그렇다고 군더더기의 말을 덧붙이라는 것은 아닙니다. 예를 들어 다음과 같습니다.

　　'판매실적을 향상하는 방안입니다' 를 개선해
　　'5년 이내 판매실적을 80% 향상하는 방안입니다' 로 바꿉니다.

　구체성을 부여하는 쉬운 방법은 숫자를 활용하는 것입니다. 그러나 반드시 숫자일 필요는 없죠. '바다' 대신 '여수 밤바다'가 보다 구체적인 것은 숫자 때문인 것이 아니라 '여수 밤바다'를 들은 사람이 머릿속에 구체적으로 그 이미지를 그릴 수 있거나 혹은 짐작할 수 있다면,

그것이 구체적인 것입니다.

<u>넷째, 메시지에 때로는 단호함이 필요합니다.</u>
강하게 주장하거나, 강하게 부정하는 것으로 단호함을 부여하는 것이죠. 예를 들어 다음과 같습니다.

'말하고자 하는 바가 있는 시각화가 필요'를 개선해
'정답은 없다! 하나의 명백한 포인트가 시각화의 핵심'으로 바꿉니다.

'없다! 아니다!'와 같은 강한 부정은 사실 좀 위험할 수도 있는 표현입니다. 하지만 그렇기 때문에 오히려 주목을 끌 수 있습니다. 그러나 주목은 끌었으나 주장이 별반 새롭거나 근거가 명백하지 않으면 오히려 반박할 기회만 제공할 수 있으니 그 점을 유의하세요. 사례에서는 '하나'라는 표현과 '명백한'이라는 단어도 단호함을 부여하는 역할을 했습니다. 자칫 단호함을 부여하기 위해 첫째 팁에서 제시한 '군더더기'를 만들어내는 건 아닌지, 그 점도 유의해야 합니다.

<u>다섯째, 주장하는 메시지의 출처가 설득력이 높아야 합니다.</u>
인문학이나 자기계발 서적, 때로는 소설을 봐도 새로운 장이 시작되는 첫 머리에 유명한 사람의 말을 인용해놓은 것을 종종 목격하곤 하죠. 얼마 전 제 후배 한 명도 자신의 주장을 펼치기에 앞서, 피터 드러커의 말을 인용한 문장으로 시작하더군요. 물론 인용한 문장은 후

배의 주장과 맥락을 같이 하는 문장이었습니다. 이렇게 하는 이유는 자신의 주장이 하늘에서 뚝 떨어진 근거 없는 주장이 아니라, 많은 사람이 신뢰하는 사람의 주장에서 기인하는 믿을 만한 주장이라는 점을 주장하기 위해서입니다.

메시지의 출처가 믿을 만하면, 그 메시지를 더 신뢰하게 되죠. '스티브 잡스의 프레젠테이션' 혹은 'TED의 프레젠테이션'이라고 하는 것이 '나만의 프레젠테이션 방법'보다 설득력이 더 높은 것처럼 말이죠.

'행동'을 촉구하는 메시지로 전환

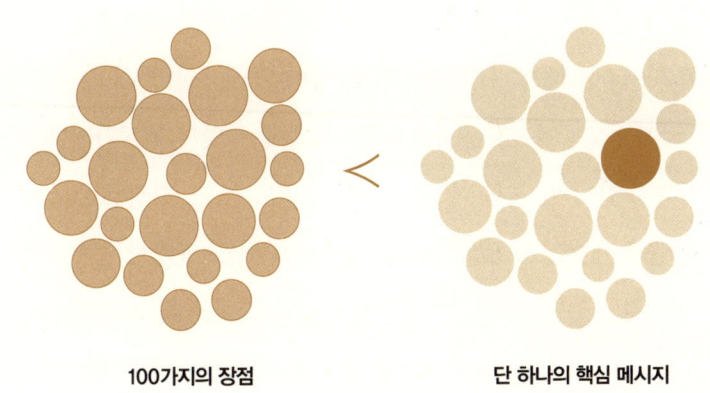

너무 많은 정보나, 너무 많은 선택지는 오히려 결정을 방해하는 요소가 됩니다. 최근 가족 여행을 준비하면서 여행지에서의 루트를 짜고 있는데요. 가보고 싶은 곳은 골랐는데 그곳까지 가는 방법을 고르는 것이 난감합니다. 갈 수 있는 방법이 대여섯 개는 되는데다가, 각기 다른 장단점을 갖고 있었죠. 동행이 많다 보니 고려해야 할 사항도 너무 많았습니다. 저는 어떻게든 시간을 들여 비교를 하고, 결정을 내려 행동에 옮기겠지만, 이 상황이 프레젠테이션이라면 어떨까요?

행동을 촉구하는 메시지는 달리 말하면 상대방, 즉 청중의 입장에서 메시지를 제시하는 것입니다. 메시지는 '청중의 기대에 부응해야 하는 것이니, 청중 입장의 메시지란 당연한 것이 아닌가'라고 생각할 수도 있겠습니다. 하지만 실상 우리의 메시지는 우리가 말하고 싶은 바를 중심으로 구성됩니다. 게다가 너무 많은 내용을 한꺼번에 담으려고 하죠. 메시지가 프레젠테이션의 핵심을 단 하나의 문장으로 제시한 것이라고 해도, 한 문장에 구겨 넣는 거죠.

그러다 보면 메시지는 두루뭉술, 애초에 무엇이 핵심인지 모호해지기까지 합니다. 흔한 예로 '우리는 경험도 많고, 경쟁사보다 더 나은 대안을 제시할 수 있고, 청중은 미처 생각지도 못했던 솔루션을 제시하는 것이고……' 와 같은 장점들을 말하고 싶은데, 한 문장의 메시지로 담으려고 하다 보니 결론은 "우리가 제일 잘났어요"라는 메시지가 되어버리죠.

욕심을 버리고, 말하고 싶은 수십 가지의 장점들을 줄 세운 후 제일 핵심인 메시지, 청중의 가장 큰 고민을 해결해줄 수 있는 것 하나만 골라 메시지로 삼으세요. 그것이 100가지의 장점을 말하는 것보다 효과적입니다.

청중에게 '가치'있는 메시지로 전환

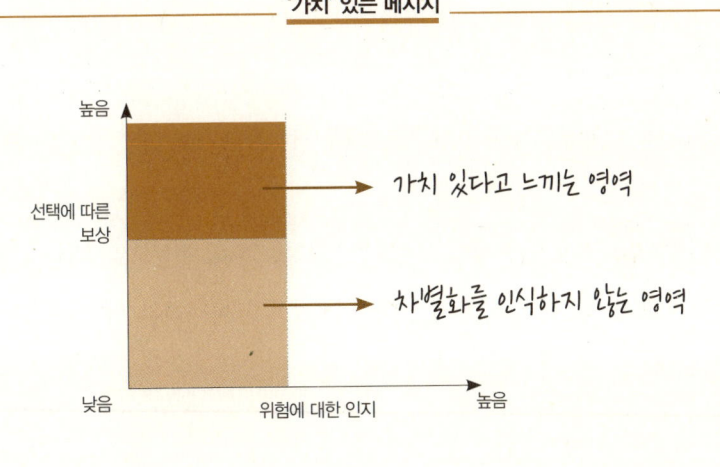

행동을 촉구하기 위해 여러 가지 근거를 들이대고 논리적으로 설득하는 방법도 있습니다. 그러나 변화를 일으키는 가장 좋은 방법은 스스로가 납득해서 스스로 움직이도록 하는 것이죠.

생텍쥐 페리는 이와 관련해서 "바다로 가는 배를 짓고 싶으면, 둥

둥둥~ 북을 울려 사람을 불러 모으지 말고, 사람들에게 바다가 얼마나 멋진 곳인지를 알려라"고 말했죠.

청중이 스스로 납득하도록 하는 가장 좋은 방법은 청중이 가져갈 수 있는 혜택이 감수해야 하는 위험보다 크다는 것을 깨닫게 하는 것입니다. 즉 청중 스스로가 가치를 느끼도록 하는 것입니다.

예를 들어 다음과 같습니다.

'요리하는 더 나은 방법'을 개선해
'30일 만에 요리사 되는 법'으로 바꿉니다.

이렇게 청중의 입장에서 느낄 수 있도록 가치 중심으로 메시지를 바꾸는 거죠. 방법이나 대상에 대한 메시지가 아니라는 점을 명심하세요.

> 메시지를 강화하는 것은
>
> 청중의 입장에서 가치 중심으로 설득력을 강화하고,
>
> 행동촉구를 유도하는 것이다.

메시지를 엮어나가는 스토리 구성

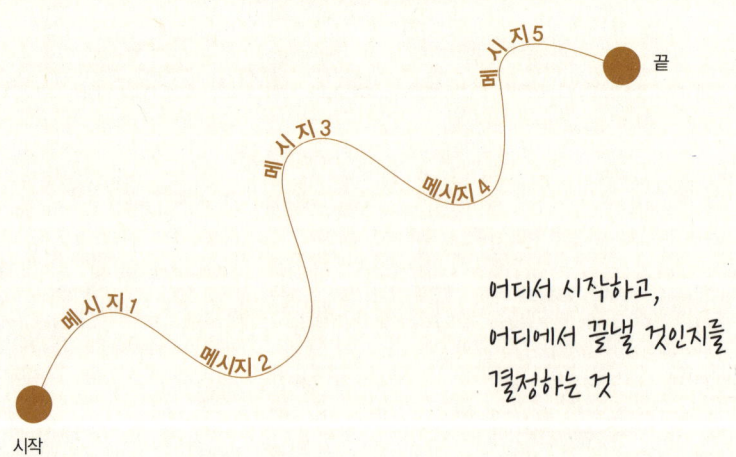

메시지는 프레젠테이션에 언제, 어떻게, 어디서 등장하는 것일까요? 메시지는 프레젠테이션의 핵심을 한 문장으로 뽑아낸 것이라고 했습니다. 그러나 명시적으로 등장할 수도 있고 등장하지 않을 수도 있습니다.

사실 메시지를 드러내는 가장 손 쉬운 방법은 표지나 혹은 첫 슬라이드에 한 문장으로 '구체화'해서 제시하는 방법입니다. 청중에게 '오늘의 핵심은 이것이다'라고 미리 선언하는 것이죠. 그렇게 하면 예고편과 같은 역할을 해서 프레젠테이션이 진행되는 동안 관심을 지속적으로 유발할 수 있습니다.

하지만 늘 그런 것은 아니죠. "예고편이 다였네?"라며 초반부터 관심을 잃게 될 수도 있습니다. 해당 주제에 관한 청중의 지식 수준은 높고, 프레젠테이션에 대한 관심은 상대적으로 낮을 때라면 말이죠. 청중의 지식과 관심에 따른 차이는 뒤에서 더 상세히 다뤄보겠습니다.

메시지는 프레젠테이션의 특정한 순간에 튀어나와 한 문장으로 소비되는 것만은 아닙니다. 메시지는 프레젠테이션의 방향을 결정합니다. 목표로 나아가기 위해 어떤 길을 취할 것인지, 즉 어떤 스토리로 구성해갈 것인지를 결정합니다. 프레젠테이션의 스토리란, 메시지 입장에서 보자면, 메시지 전달을 위해 전체 프레젠테이션의 구조를 탄탄하게 만드는 것입니다. 그리고 스토리란 마치 여행과 같이, 가장 중요한 것은 어디서 시작하고 어디에서 끝낼 것인지를 결정하는 것입니다.

메시지 트리로부터 스토리 구성하기

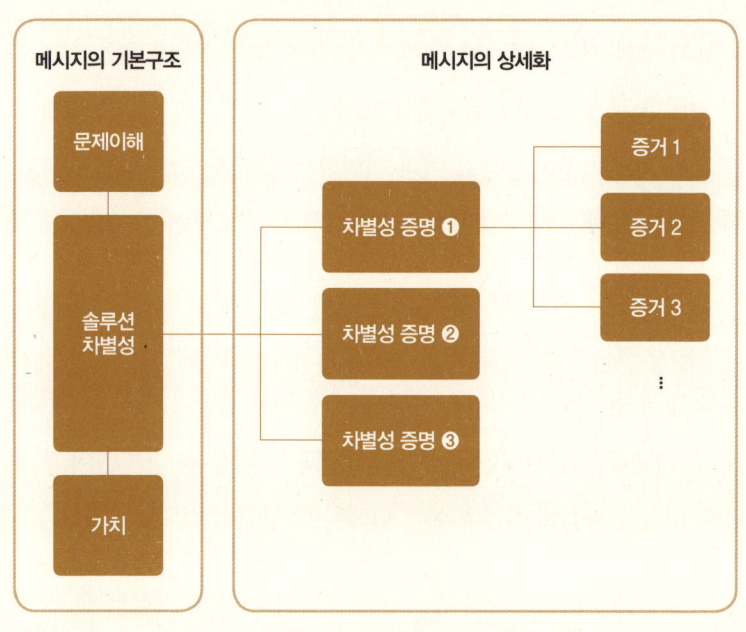

메시지의 상세 구조

메시지는 목표에 따라 각기 내용이 달라집니다. 하지만 여러 구성 요소로 이루어졌다는 공통점이 있죠. 이를 구조화해서 정리해보면 위의 그림과 같습니다. 마치 나뭇가지가 뻗어나가는 모양새로 결론에서 주장으로, 다시 이를 뒷받침하는 근거로 구체화됩니다.

스토리를 짜는 쉬운 방법은 이러한 메시지의 트리 순서에 맞게 그대로 반영하는 것입니다.

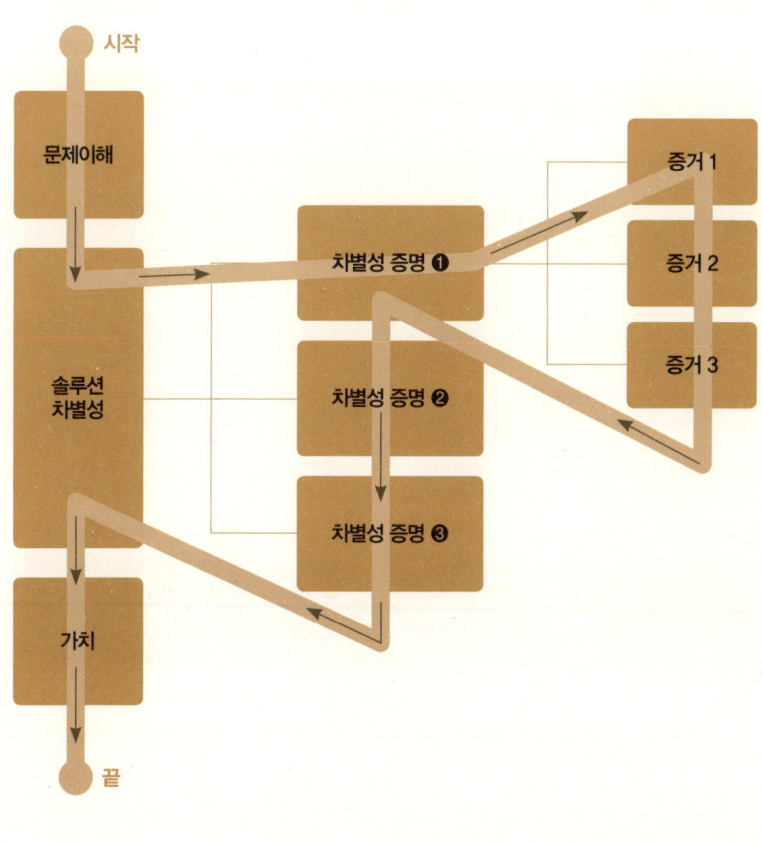

메시지 구조로부터 스토리 구성

그런데 뭔가 좀 아쉽죠? 우리는 프레젠테이션 초반에 청중을 장악하지 못하면, 설득이 쉽지 않을 거라는 점을 알고 있습니다. 프레젠테이션의 목표는 우리가 가진 것을 잘 펼쳐놓는 것이 아니라 청중을 변화시키는 것이라는 것도 알고 있습니다. 그래서 스토리를 구성할 때에는 메시지 트리를 구성하는 여러 주장과 근거 외에 추가적으로 "청중의 관심을 어떻게 끌어들이지?", "그들을 어떻게 변화시키지?"라는 요소도 고려해야 합니다.

스토리의 기본 구조 'AIDA'

스토리의 기본 구조를 이루는 AIDA는 'Attention(관심 끌기)-Interest(흥미 고조)-Desire(욕구 자극)-call to Action(행동 촉구)'의 첫 글자들을 따온 것입니다. 원래는 광고나 프로모션 등에서 소비자가 반응하는 순서를 나타내는 용어입니다. 광고나 프로모션 전략을 수

립할 때는 소비자가 반응하는 순서에 따라 한 단계씩 소비자를 이동시키는 것이 효과적이라는 아주 오래된 이론을 근거로 하는 것이죠.

저는 이 이론이 청중을 변화시켜야 하는 우리에게 필요한 것으로, 스토리의 기본 뼈대를 이루어야 한다고 생각합니다.

Attention(관심 끌기)

프레젠테이션 초반에 청중의 관심을 끌 수 있어야 한다는 점은 이미 몇 차례 강조했습니다. 이 단계에서 청중과 관계를 형성하고, 신뢰를 얻을 수 있어야 합니다. 그럼 어떻게 해야 할까요? 당연히 청중의 관심을 끌 수 있는 얘기로 시작해야겠죠. 청중의 관심을 끌 수 있는 얘기는 다음과 같은 요소로 가능합니다.

첫째, 당신이 처한 문제 상황
둘째, 당신이 속한 세상의 새로운 변화
셋째, 당신이 미처 몰랐던 놀라운 사실(관심을 가질 만한)

이러한 얘기들은 통계, 이미지, 심플한 단어 혹은 문장 등으로 제시될 때 더욱 힘을 받습니다.

제이미 올리버라는 영국인 쉐프가 있습니다. 워낙 유명해서 그가 누구인지 아시는 분들도 많으시리라 생각됩니다. 그가 2010년 올해의 TED 상을 수상하며 펼친 강연(www.ted.com/talks/jamie_oliver)이 있습니다. 아이들이 생각 없이 섭취하는 설탕을 통해 비만 등 각종 질병에 노출된다는 사실을 알리고, 이를 바로잡자는 내용의 강연이었는데요.

강연이 시작되고 꺼낸 첫 마디는 이랬습니다. "슬프게도, 앞으로 제가 이야기할 18분 동안 미국인 중 4명이 사망할 겁니다. 그들이 먹는 음식 때문에요."

무척 충격적이었죠. 근거 있는 통계자료이기 때문에 사실 충격은 더 커집니다. 그리고 그의 이야기에 몰입하게 되죠.

하지만 시작이 늘 충격적일 필요는 없습니다. 다만 청중의 문제 상황에 대한 공감으로 관심을 끌거나, 청중이 미처 몰랐던 새로운 변화나 놀라운 사실을 통해 관심을 끌어야 합니다. 이처럼 프레젠테이션의 초반에는 어떤 식으로든 청중의 관심을 끌어내는 것이 필요합니다. 그래야 청중이 계속해서 프레젠테이션을 듣겠다고 결심할 테니까요.

Interest(흥미 고조)

관심을 끄는 데 성공했다면, 다음은 흥미를 고조시키는 것입니다. 이 단계는 관심을 떨어뜨리지 않으면서, 지속적으로 흥미를 고조시켜 청중을 서서히 본론으로 끌어가는 역할을 합니다. 어떻게 해야 할 수 있을까요?

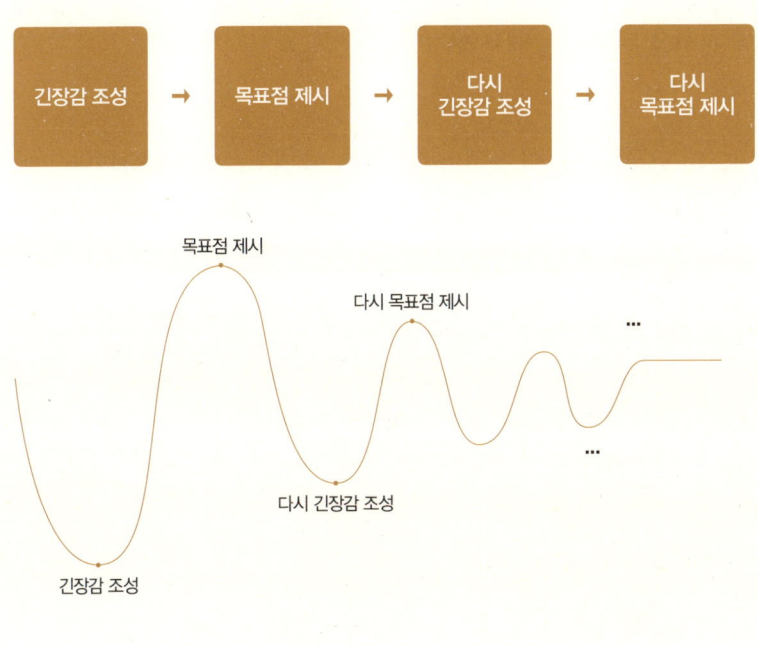

올라갔다, 내려갔다……. 긴장감을 조성하는 방법은 다음 그림과 같습니다. 지금 처한 상황이 결코 만족스럽지 않거나, 충분하지 않다고 제시하는 거죠.

왜 이렇게 해야 할까요? 계속 그 상태에 둘 수는 없고, 이 문제를 해결할 수 있는 실마리를 제시하기 때문입니다. 긴장을 풀어주는 과정이죠. 이 과정을 몇 차례 거치면서 서서히 흥미를 고조시키는 것입니다. "그래서 대체 해결책이 뭐야?"라고 기다리게끔 하면서요.

이러한 과정을 거치는 이유는 어떤 청중도 스스로가 'Why(필요성)'을 느끼지 않는다면, 본론에서 우리가 솔루션으로 제시할 'How(방법)'에 관심을 두지 않기 때문입니다.

앞서 언급한 제이미 올리버 강연에서 이 방법을 사용했습니다.

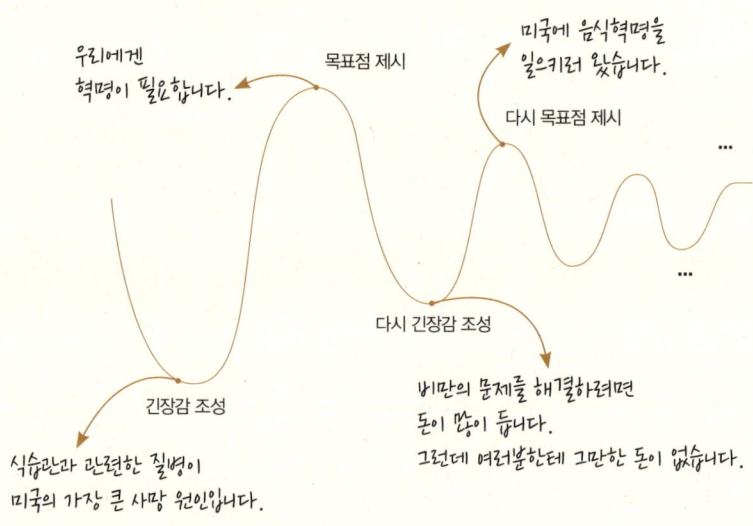

그가 말한 음식 혁명이란 무엇일까 궁금해지죠? '어떻게 하겠다는 것일까' 하고 말이죠.

Desire(욕구 자극)

흥미를 충분히 끌어올렸다면, 이제 갖고 싶거나 행동하고 싶은 마음을 만드는 단계입니다. 이때에는 청중에게 돌아가는 혜택을 제시해 설득합니다.

다시 제이미 올리버의 강연 내용을 인용해보자면, 사실 그는 체계적이거나 논리적이기보다는 조금 정신 없이 솔루션을 제시하는데요. 주요 부분들을 발췌해보면 다음과 같습니다. 중요한 점은 모든 솔루션은 혜택과 함께 제시된다는 점입니다.

> 현명한 식생활을 하면 우리 모두 더 오래 살 겁니다.
> 식품 홍보대사를 슈퍼마켓 매장마다 파견해야 합니다. 미래를 위한 유일한 방법입니다.
> 식품표시제는 제대로 정리되어야 하죠. 새로운 기준을 아이들을 위해 정해야 해요.
> 소비자 건강을 챙기면서도 충분히 상업적일 수 있습니다. 완벽하게요.

call to Action(행동 촉구)

그런데 청중은 여전히 프레젠터가 제시한 솔루션에 대해 의심을 품고 있을 수 있습니다. 심지어 '문제를 해결하는 방법은 알았지만 다른 누군가에게 맡기겠어'라고 생각해버릴 수도 있습니다. 이렇게 빠져나갈 수 있는 청중을 행동하게끔 이끌어 목표를 달성하는 마지막

단계는 행동 촉구의 단계입니다.

이에 대해 제이미 올리버는 뭐라고 했을까요?

제 소원은 여러분들의 도움으로 강력하고 지속적인 운동을 펴는 것입니다. 그래서 모든 아이들에게 음식에 대해 교육하고 가족들이 다시 요리를 하게 하고 전 세계 모든 사람이 비만과 싸우게 하는 것입니다.

그가 '소원'이라는 표현을 쓴 이유는 소원 한 가지를 실현할 수 있는 명예의 부상을 받았기 때문입니다. 실제 이 강연 이후 비만 퇴치 운동에 쓰일 트럭을 지원하겠다는 등 돕겠다는 사람이 여기저기 나타났습니다. 온오프라인에서 수많은 참여를 불러일으켰죠.

솔직히 우리는 사례로 든 제이미 올리버처럼 아주 극적으로 프레젠테이션을 끌어나갈 필요는 없지 않을까 생각합니다. 실제 그러기도 힘들고요. 그러나 기본적으로는 AIDA의 구조를 이해하고, 이를 적용하는 것이 필요합니다. 먼저 관심을 끌고, 흥미를 고조시킨 이후 갖고 싶거나 행동하고 싶게 만들기, 마무리로 행동을 촉구하며 쐐기를 박기!

스토리의 시작과 끝은 '청중'이 결정

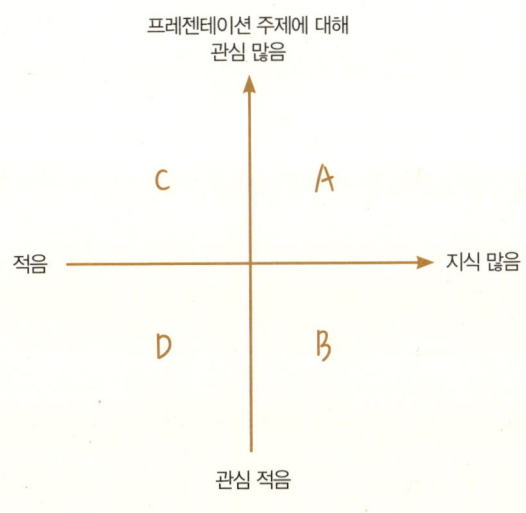

청중은 여러모로 프레젠테이션에 영향을 미치죠. 가장 먼저 청중의 기대하는 바에 따라 어떤 메시지를 제시할 것인가를 결정한다는 점에 영향을 미쳤는데요. 또한 이를 어떻게 전달할 것인가를 결정하는 것에도 영향을 미칩니다.

이번에는 청중이 주제에 대해 얼마만큼의 지식을 가지고 있는지, 관심을 보이고 있는지가 영향 요소입니다. 이를 매트릭스로 표현하면 다음 네 가지 타입으로 나눌 수 있습니다.

A type. 지식도 많고, 관심도 많은 청중

이런 청중이라면 본론으로 바로 직행해도 좋습니다. 이미 프레젠테이션의 주제에 대해 아는 것도 충분하고, 들을 준비도 되어 있기 때문이죠. 주제를 소개하느라 시간 낭비할 필요가 없습니다. 생략해도 됩니다. 이를 테면 고고학 학회에서 강연자로 나서며 고고학이란 무엇인가라는 정의부터 시작할 필요는 없듯이 말이죠. 대신 청중이 왜 이 주제를 주의 깊게 들어야 하는지에 대한 확신은 심어줄 수 있어야 합니다.

첫째, 문제 인식과 이에 대한 해결안 제시
둘째, 해결안을 구체적으로 설명하는데 대부분의 시간을 할애

언젠가 업계의 관계자를 모시고, 1시간짜리 세미나 강연을 들은 적이 있었습니다. 그런데 그 분의 강의가 그럭저럭 웃기기는 했으나 대체적으로 들을 것이 없었다는 평을 받았습니다. 청중은 제안 전문가들이었고, 주제가 '제안'이었거든요. 이미 다 아는 얘기를 마치 새로운 발견인 것처럼 얘기하니, 때로는 민망하더라고요. 당연히 뭔가 트렌디하거나 미처 생각지 못했던 것을 기대했던 청중에게는 실망스러운 강연이었습니다. 군더더기 없이 새로운 트렌드에만 집중했더라면 결과가 달랐을 텐데 말입니다.

A type의 청중은 듣고 싶은 바가 무엇인지 스스로 잘 알고 있는 청

중입니다. 이미 주제에 대한 지식도 많고 관심도 많으니, 얼핏 프레젠테이션을 하기에는 쉬울 것 같다는 생각이 듭니다. 하지만 오히려 그 반응이 극과 극을 달릴 수 있습니다. 듣고 싶은 바에 직행하지 못한다면, 청중은 언제 까칠하게 돌변할지 모르니까요.

B type. 지식은 많으나 관심은 별로 없는 청중

A type의 청중보다 더 까다로운 청중입니다. 일단 관심을 먼저 끌어줘야 하니까요. 청중의 관점에서 볼 때 무엇이 다른 것인지에 대해 그 차이를 드러낼 수 있어야 합니다. 상황을 반전시킬 필요가 있습니다. 꼭 들어야겠다고 만들어야 한다는 거죠. 차이가 없다면, 프레젠테이션은 안 하느니만 못합니다. 관심도 없는데 뻔한 얘기만 한다고 생각할 테니까요.

첫째, 관심이 낮은 점 인정

둘째, 상황을 전환시키기(실패 사례나 반전이 있는 사례 등을 통해)

셋째, 새로운 해결안 제시

넷째, 해결안에 대한 설명

상황을 전환시키는 데에는 잘한 사례보다는 실패 사례, 몰랐던 사실이 숨겨져 있는 사례를 활용하는 것이 더 적합합니다.

<u>C type. 관심은 높으나 지식은 별로 없는 청중</u>

많은 것을 풀어놓기보다는 주제를 극히 한정시키는 것이 필요합니다. 그러면서도 쉽게 이해할 수 있도록 청중의 입장에서 '효과'를 먼저 제시하는 것이 필요합니다.

첫째, 효과 먼저 제시

둘째, 이를 가능하게 하는 해결안 제시(쉬운 내용에서 어려운 내용으로 수준을 조절해가며)

<u>D type. 관심도 낮고 지식도 별로 없는 청중</u>

프레젠테이션을 할지 말아야 할지부터 고민해보죠. 노력은 많이 필요한데, 노력에 비해 효과는 낮을 가능성이 큰 청중이니까요. 이런 청중을 만나지 않기를 바라지만 그럼에도 불구하고, 프레젠테이션을 해야 한다면 주제와 청중의 연관성을 엮어주는 방법이 있습니다. "이건 당신이 들어야 하는 주제입니다"라고 엮어줄 수 있어야 하는데요. 이때 아예 청중을 프레젠테이션 안으로 끌어들이는 것도 방법입니다.

신입사원의 프레젠테이션이 있었는데요. 새로운 사업 아이디어에 대해 프레젠테이션을 한 친구의 첫 시작은 다음과 같았습니다.

오른쪽 손가락을 모두 펴 보시겠습니까?
지금부터 제가 묻는 질문에 해당하시면, 손가락을 하나씩 접어보겠습니다.

'~한 적 있지 않으십니까?'

'~한 적은 어때요?'

'~라고 생각한 적 있으시죠?'

(하나씩 질문을 던지며, 해당하면 손가락을 접게 함)

아마, 여러분들은 대부분 손가락을 접으셨을 겁니다.

제가 오늘 드릴 말씀은…….

배우 손병호 씨가 예능 프로그램에 나와서 하는 바람에 '손병호 게임'이라는 이름으로 불린다는 그 게임처럼, 손가락을 하나씩 접어나가도록 질문을 던집니다. 청중 모두가 공감할 수 있는 질문을 골라 차례차례 던집니다. 그 자리는 프레젠테이션의 스킬을 평가하는 자리였으므로, 어느 주제이든 평가에 크게 영향을 미치지는 않았습니다. 하지만 어느새 청중은 주제에 몰입하게 되었습니다. 무관한 주제일 수도 있었으나, 참여를 통해 나와 관련된 주제가 되어버린 거죠.

첫째, 청중을 끌어들이고
둘째, 주제와 청중의 연관성을 제시해 관심을 유도한 다음
셋째, 주제와 해결안을 제시

청중이 뜨뜻미지근한 표정이라면, 아주 쉽게 답할 수 있는 질문을 던져보거나 손을 드는 등 행동 참여를 요청해봅니다. 우선은 들어보게끔 만드는 것이 필요하니까요.

스토리에 필요한 건 '긴장'

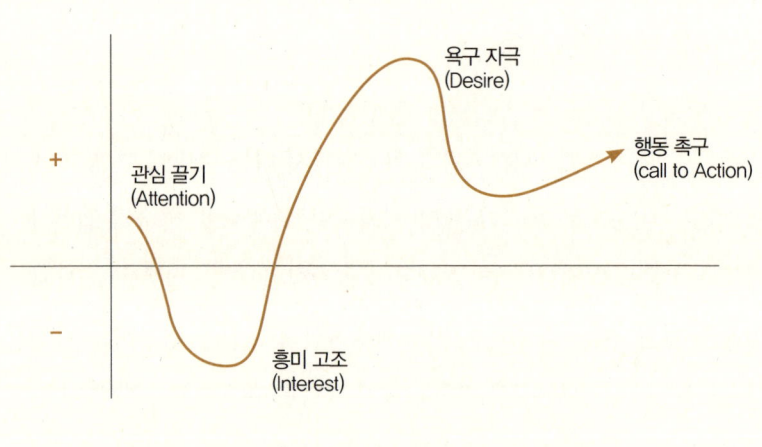

초반에 청중의 관심을 끄는 데 성공했다고 해서 그 관심이 프레젠테이션 내내 이어질 거라는 기대는 금물입니다. 프레젠터와 달리 청중의 관심은 쭉 지속되기가 쉽지 않습니다. 여러분이 청중으로 참여한 수많은 프레젠테이션을 떠올려보시면 금세 공감이 될 것입니다.

관심을 계속해서 유지시키는 것이 우리의 목표는 아닙니다. 어떤 스토리에서도 갈등이 고조되다 풀리는 지점은 있듯이, 프레젠테이션에서도 관심을 올리는 부분이 있으면, 관심도가 좀 낮아져도 되는 부분도 필요합니다.

스토리에 긴장감이 없다면?

프레젠테이션에서 긴장감을 조성하는 것은 '갈등'입니다.

- 문제 vs. 해결
- 경쟁 vs. 자사
- 이전 vs. 현재 혹은 미래
- 잘못된 방법 vs. 더 나은 방법

프레젠테이션은 일방적인 쇼가 아니라 청중과 상호작용하는 톡입니다. 긴장을 너무 유발하거나, 긴장이 너무 없으면 'Die' 하고 말 겁니다. 썸 타는 것처럼, 밀당의 고수처럼, 스토리에 '긴장'을 조성해보세요.

청중의 태도를 스토리 구성에 반영

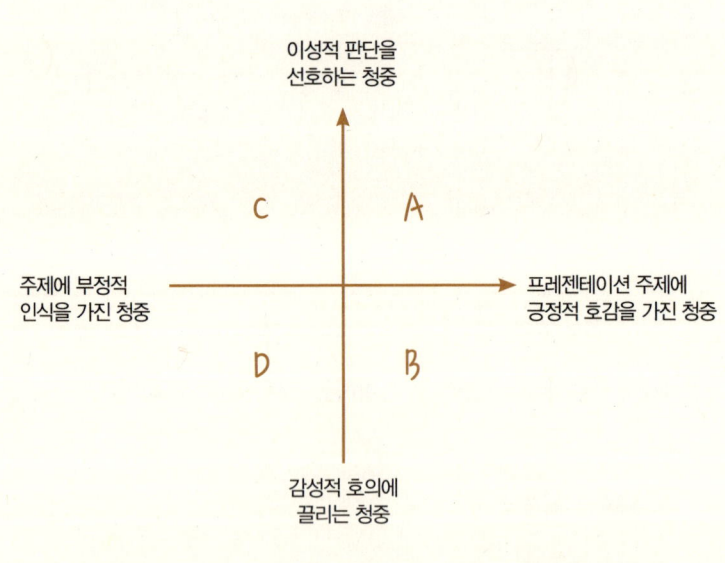

청중의 지식이나 관심과는 또 다른 영역으로 청중이 프레젠테이션 혹은 프레젠터에게 갖는 태도를 스토리 구성에 반영해볼 수 있습니다.

다. 이때 청중에 대해 웬만큼은 알고 있어야 적용해볼 수 있겠죠?

주의할 점은 지금 제시하는 방법은 전체 스토리를 구성하기보다는 청중의 관심을 고조시켜야 할 시점, 긴장을 만들어야 하는 시점 등에 부분적으로 활용하기에 적합하다는 점입니다. 때로는 한 프레젠테이션에 이 모든 방법을 다 활용하는 것도 필요합니다. 저는 이것을 'Feeling Matrix'라고 부르는데, 역시 매트릭스로 구성해 네 가지 타입으로 나눠보았습니다.

<u>첫째, 프레젠테이션에 호의적이며 이성적 판단을 선호하는 청중</u>
일단 호의적이니까, 그 태도를 유지하도록 합니다. 공감과 신뢰를 강화하는 것인데요. 이성적 판단을 선호하므로, 이를 위해 근거 데이터나 정보를 제시하도록 합니다. 이 경우 각종 그래프나 수치 자료 등을 제시하는 것이 효과적입니다.

<u>둘째, 프레젠테이션에 호의적이며 감성적 호의에 끌리는 청중</u>
역시 호의적이므로 청중이 갖고 있는 신뢰를 좀 더 강화할 수 있도록 합니다. 그런데 이 청중은 이성적 판단보다는 감성적 호의에 더 끌리므로 논리적 설명보다 사례 연구나 인터뷰와 같이 공감할 수 있는 스토리를 활용해봅니다.

<u>셋째, 프레젠테이션에 부정적이면서 이성적 판단을 선호하는 청중</u>
부정적이기 때문에 태도를 호의적으로 바꾸거나 적어도 중립의 상

태로 변화시켜야 합니다. 그렇다면 어떤 방법이 가능할까요? 이 경우 "잘못된 태도이다"라고 지적하는 건 좋은 방법이 아니겠죠? 오히려 그가 짐작하는 것과는 다른 프레젠테이션을 준비하는 것, 그래서 흥미롭다 혹은 의외이다라는 반응을 불러일으키는 것이 더 효과적입니다.

이성적 판단을 선호하는 청중에게는 이 또한 논리적인 근거로 제시하지만 프레젠터의 입장보다는 청중이 인정할 만한 권위를 가진 사람이나 기관의 데이터를 활용하는 것이 중요합니다.

<u>넷째, 프레젠테이션에 부정적이면서 감성적 호의에 끌리는 청중</u>
논리적 근거를 기준으로 판단하기보다는 감성적 태도를 취하기 때문에 태도를 변화시키는 것이 쉽지 않을 수도 있습니다. 아예 들으려 하지 않기 때문입니다. 마치 마음이 단단히 상한 연인같이 말이죠. 이 경우에는 다음에 제시하는 '반전'의 방법을 사용해봅니다. 반전이란 '아닙니다. 틀렸습니다'를 제시하는 것으로, 예상 밖의 허를 찔리고도 기분 나쁘지 않은 즐거움과 호감을 갖게 만드는 것입니다. 이때 기분 나쁘지 않게 하는 것이 반전이 가진 장점입니다.

> 스토리를 구성하는 데 핵심은
>
> 청중의 관심을 유지할 수 있도록
>
> 조성하는 것이다.

프레젠테이션 스토리의
변주 기법

Feel matrix 1.
부정적이고 까칠한 청중에게는 '반전'을

이 주제에 관해서는 마침, 제가 까칠한 청중들을 상대로 세미나를 했던 자료가 있습니다. 이 자료를 통해 소개해보겠습니다.

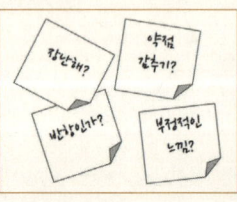
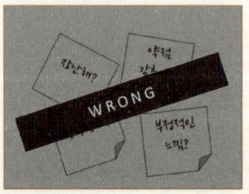

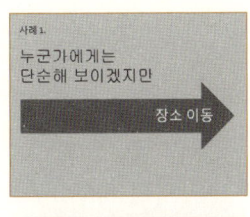
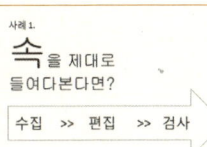

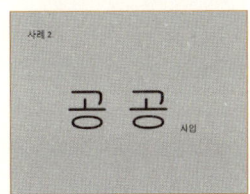
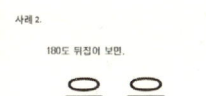

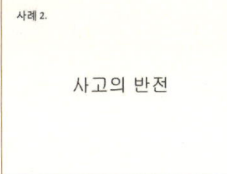
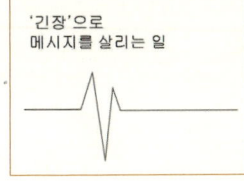

Feel matrix 2.
선뜻 나서지 않는 사람들에게는 '바람잡이'

| 의견을 말해주세요. | 다른 분들의 의견… | 여러분의 의견? |

　프레젠테이션은 '톡'이라고 생각하는 저는 어떤 프레젠테이션이든 가급적 청중과 커뮤니케이션을 하려고 합니다. 상호작용이 되어야 청중의 몰입도가 높아지고, 청중의 몰입도가 높아지는 만큼 변화의 가능성이 커지게 됩니다. 이렇게 되면 프레젠테이션의 목표를 달성하기도 쉬워집니다.

　그런데 상호작용은 혼자 하는 것이 아니죠. 말 그대로 상대의 호응이 있어야 가능해집니다. 아쉽게도 우리나라의 청중에게서 열렬한 호응을 끌어내는 것은 보통 어려운 일이 아닙니다. 어느 외국인 교수가 이런 말을 했습니다.

"한국에서는 프레젠테이션 첫 머리에 '질문은 프레젠테이션 도중 언제고 가능합니다'라고 말해도 프레젠테이션이 끝날 때까지 질문을 받기가 쉽지 않습니다. 서양에서라면 프레젠테이션 첫 머리에 '질문은 프레젠테이션을 마치고 받겠습니다'라고 말해야 '방해받지 않고 프레젠테이션을 마칠 수 있는데(반해서 말이죠).''

프레젠터 입장에서 가끔 답답할 때가 있죠. '뭐, 어려운 질문을 던지는 것도 아닌데' 혹은 '꼭 정답을 요구하는 것도 아닌데 왜들 반응이 없으시나'라는 생각이 드니까요.

이럴 때는 물꼬를 터주는 것이 필요합니다. 청중과 상호작용을 위해 질문을 준비했다면, 반응이 없을 경우를 대비해 예시 답안을 하나 슬쩍 보여주는 거죠. 이렇게 한 다음에는 좀 쉬워집니다. '남들도 별 생각 없이 답했구나'라고 안심하는 마음으로 답변을 좀 더 쉽게 내놓거든요.

Feel matrix 3.
결정을 미루는 청중에게는 '점증적 반복'

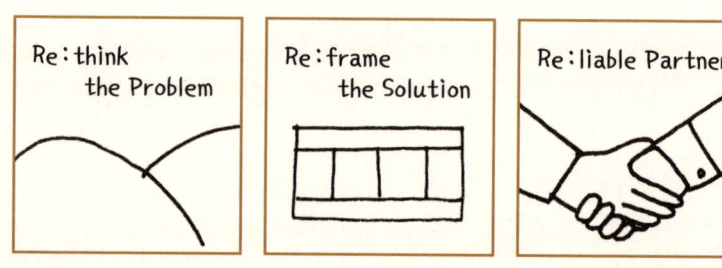

굳이 부정적이지는 않지만, 계속해서 미심쩍은 마음을 갖고 있거나 쉽게 설득 당하지 않거나 혹은 의사결정을 미루는 청중을 상대로는 스토리를 점증적으로 풀어나가는 것도 방법입니다.

한 말 또 하고, 또 하자는 것인데 같은 말을 반복적으로 할 수는 없으니 의미는 유지하되 말은 바꿔가면서 메시지도 강조하는 것입니다. 그리고 점차 행동을 강하게 촉구하는 거죠.

다음은 'Re:'를 활용해 메시지를 강화해나가는 방법입니다.

- Re : think the problem

　　문제를 다시 생각해보자.

- Re : frame the solution

　　해결책을 다시 짜보자.

- Re : liable partner

　　믿을 수 있는 사업자와 함께한다.

　비슷하지만 다른 메시지에 노출되면서 점차 물들고 익숙해지도록 하는 것입니다. 그러면서 결정을 내릴 수 있도록 하는 것이죠. 즉 점증적 반복으로 청중에게 기대하는 바를 이끌어내는 것입니다.

마무리는
스토리의 점검

스토리의 식상함과 흥미로움의 사이

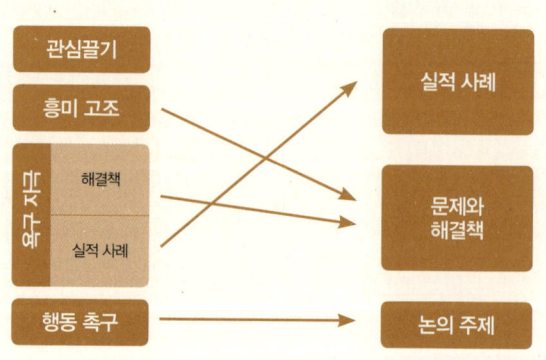

청중의 관심에 따라 스토리의 순서를 변경해 흥미로움을 증폭시킴(사례)

스토리를 구성하는 것은 메시지를 보다 잘 전달하기 위해서입니다. 어떻게 해야 청중들을 원하는 대로 변화시킬 수 있을까에 대해 고민하는 거죠. 저는 AIDA(Attention-Interest-Desire-call to Action) 구조를 따르기를 권해드렸습니다. 하지만 프레젠터에 따라 자신에게 효과적인 방법을 고안해서 사용하는 것도 무방합니다. 다른 사람들의 방법이나 혹은 보편적인 방법이 자신에게도 반드시 효과적이라고 할 수는 없으니까요.

조직의 책임자들이 나와서 각기 자신의 부서 업무를 소개한 적이 있었습니다. 일종의 '설명' 프레젠테이션이고, 목표는 부서 업무를 청중들에게 정확히 이해시켜 이후 업무 협조가 원활하게 될 수 있도록 하는 것이었습니다. 대체적으로 평범하게 조직의 미션, 주요 업무 내용, 조직의 구성원 소개 등으로 진행되었습니다.

그런데 한 분이 이 패턴을 깨뜨렸습니다. '저는 대타로 나왔는데, 원래 오셔야 하는 조직의 장은 오셨어도 잘 안 보이셨을 겁니다(키가 작다는 걸 디스하면서 조직의 장 소개)'라거나 '요즘 그분 ○○○ 업무 하시느라 1년에 몇 번 뵙기도 어려운데, 그래서 조직의 분위기가 좋습니다'라는 등 여러 차례 셀프 디스를 하시더군요. 딱 공감이 될 만큼의 적절한 디스 말이죠. 딱딱하게만 진행되던 시간이 웃음으로 채워지면서, 오히려 그 조직의 업무만큼은 강하게 각인되었습니다. 1년여가 지난 지금까지도 기억이 생생할 정도예요.

그런데 흥미로웠던 건 이후 프레젠테이션을 하러 나온 분들이 어설프게 그 분을 흉내 내면서 우스워졌다는 겁니다. 아마 고조된 분위기를 이어가기 위한 의도였겠지만, 안 하느니만 못한 선택이었죠.

같은 메시지라도 어떻게 전달할 것인가? 어떤 순서로 얘기할 것이고, 어떤 방법을 택할 것인가를 결정하는 것, 즉 스토리를 구성하는 것은 중요한 일입니다. 모두 식상함보다는 흥미로운 스토리를 취하고 싶겠지만, 청중의 반응을 끌어갈 자신이 없다면 안전한 길을 선택하는 것이 오히려 적절한 방법이 될 것입니다.

앞의 그림에서는 AIDA의 구조로 시작했으나, 청중의 관심에 따라 순서를 조정한 것을 보여줍니다. 통상은 욕구 자극 단계에서 사업자의 해결책을 제시한 이후, 이를 증명하고 신뢰를 확보하기 위해 실적을 제시합니다. 그런데 이번엔 청중이 가장 궁금해하는 실적을 프레젠테이션의 맨 앞으로 옮긴 거죠. 통상적인 스토리 구성을 깨뜨려 청중에게 뜻밖의 'WOW'의 경험을 만들어주는 것입니다. 새로운 스토리 구성이 의도한 바였으며 일차적으로는 효과를 거두었다는 소식입니다.

점검 포인트, 메시지는 잘 전달되는가

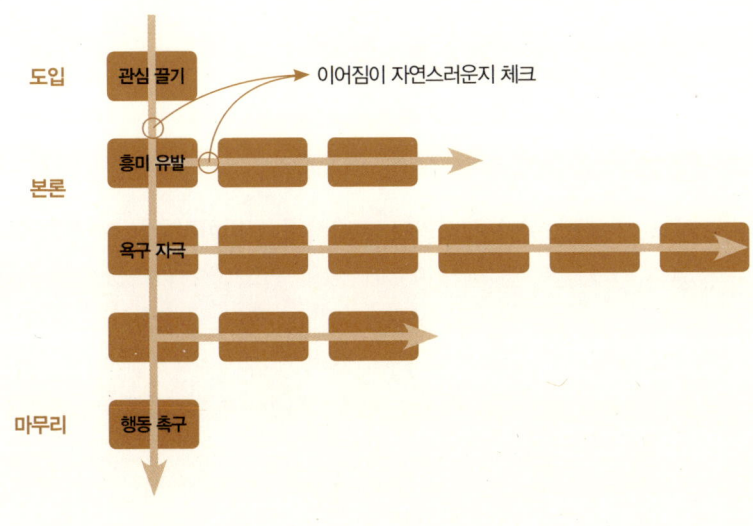

스토리 구성을 완료했다면 한 장의 종이에 스토리를 쭉~ 써봅니다. 프레젠테이션은 말로 하는 것이니까요. 주요 점검 포인트는 메시지가 잘 전달되는지에 있습니다.

- 말하기에 막힘은 없는지
- 외워서 아는 순서가 아니라 말하는 순서와 일치하는지
- 스토리와 스토리 사이에 이어짐이 있는지
- 자연스러운 흐름인지

- 청중에게도 동일한 흐름으로 전달될 것인지

- 프레젠터의 논리에 빠져 있는 것은 아닌지

- 프레젠터가 다 아는 것이라고 생략해버린 것은 없는지

- 강약은 있는지

- 프레젠테이션 현장 상황에 따라 넣었다 뺐다.
  우선순위를 조정할 수 있는지

    그리고 이 모든 것이 메시지를 전달하기에 적합한 것인지를 점검해야 합니다.

"

청중의 관심에 따라

통상적인 스토리 구성을 깨뜨려

'WOW!'의 경험을 제공한다.

"

'준비된 스크립트' 보다는 '질문'

Show-Talk

완벽함을 위해 준비하는 스크립트

스크립트		스크립트
시간 ○'○", 관련자료 00page 프레젠터의 말… 시간 ○'○", 관련자료 00page 프레젠터의 말	VS.	시간 ○'○", 관련자료 00page 프레젠터의 말… 시간 ○'○", 관련자료 00page Q. 청중에게 물을 질문 예상답변

→ 청중과 상호작용을 만드는 질문

스토리 구성까지 마쳤다면 프레젠테이션 준비는 거의 마친 셈입니다. 여기서 하나만 더 점검해보죠. 그것은 바로 "청중과 '상호작용'할 준비가 되었습니까?"입니다.

청중과 상호작용이 잘 이루어지도록 프레젠테이션을 보다 완벽하게 하기 위해 사전에 스크립트를 준비하게 되죠. 어떤 인사로 시작하고, 어떤 말로 스토리를 엮어나갈지, 어떤 말로 마무리를 할 것인지 등 실제 프레젠테이션 상황을 염두에 두고 스크립트를 작성합니다. 스크립트는 시간 순서대로 언제 어떤 자료를 활용하고, 어떤 말을 할 것인가에 관한 사전 계획과 프레젠터가 할 '말'을 담습니다. 애초의 의도대로 프레젠테이션이 될 수 있도록 하는 지시서의 역할을 하는 것입니다.

스크립트를 준비했다면 프레젠터의 긴장감은 줄어듭니다. 준비한 스크립트를 완벽히 외워, 말문이 막히는 위험을 사전에 방지한다는 점에서요. 또 한편으로는 임기응변식으로 진행하면서 빠뜨리게 되는 정보가 없도록, 불필요한 정보가 전달되지 않도록 방지할 수도 있습니다.

그런데 완벽한 지시서에 가까운 스크립트는 자칫 한 방향의 '프롬프터(Prompter)'에 그칠 수 있습니다. 아나운서가 뉴스를 전할 때 원고를 보고 읽을 수 있도록 해준다는 프롬프터, 무대에 등장한 프레젠터가 말이나 동작을 잊었을 때 이를 가르쳐주는 커닝용 원고로 말이죠.

프레젠테이션은 뉴스가 아닙니다. 일방적으로 전달해서는 프레젠테이션의 목표, 청중을 변화시킨다는 목표를 달성하기 어렵습니다. 프레젠테이션은 쇼가 아니라 청중과 상호작용하는 커뮤니케이션, 즉 톡입니다.

프레젠테이션을 뉴스나 쇼와 다르게 만드는 점, 상호작용이 되도록 하는 것은 '질문'입니다. 그렇기 때문에 프레젠터가 더 우선적으로 준비하고, 더 중요하게 준비해야 하는 것은 스크립트보다 '질문'입니다.

질문의 유형

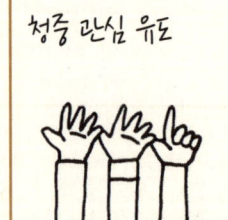

프레젠터가 준비하는 질문은 크게 다음 세 가지로 나눌 수 있습니다. 다음 질문 유형은 각기 다른 목표를 갖습니다.

첫째, 청중의 관심을 유도하기 위한 질문
질문을 통해 주제를 환기시키고, 청중에게 주제와의 연관성을 상기시키기 위한 질문입니다. 이때의 질문은 답변을 듣는 것보다는 청중의 반응을 일으키기 위해 사용합니다.

예를 들어,

- '○○에 해당하시는 분?'
- '○○한 적이 있다, 혹은 없다?'
- '○○라는 의견에 대해 찬성하시는 분?' 혹은 '반대하시는 분?'

이와 같이 '예', 혹은 '아니오'의 답을 할 수 있는 질문이나

- '○○에 대해 생각해보시겠습니까?'
- '○○이라면, 여러분의 반응은 무엇일까요?'

이와 같이 생각을 유도하는 질문은 그 자체로 청중의 관심을 유도합니다. 이는 질문을 받으면 즉각적으로 답을 찾아보려 하는 사람들의 기본적 특징을 이용하는 것입니다. 물론 질문을 받으면 프레젠터

와 눈 마주치는 것부터 피하고, '나만 걸리지 말아라'는 태도를 보일 수도 있죠.

그럼에도 불구하고 질문은 당장은 답이 없더라도, 적어도 그 질문에 대한 답을 생각하기 시작하게 만드는 작용을 합니다. 프레젠터가 질문을 하는 이유는 관심을 유도하는 것, 답 찾기를 시작하게 만드는 것입니다. 진짜 답은 프레젠터가 프레젠테이션을 하는 동안 점차적으로 찾아낼 것이고, 청중에게 전달할 것이니까요.

둘째, 청중의 수준을 확인하기 위한 질문

프레젠테이션을 준비하는 과정에서 청중이 누구인지, 주제에 대해 어느 정도의 관심과 지식을 가지고 있는지 수차례 확인하게 됩니다. 프레젠테이션의 메시지를 선정할 때도, 프레젠테이션의 스토리를 구성할 때도 청중은 일차적으로 고려해야 하는 요소입니다.

하지만 청중에 대해 100퍼센트 완벽하게 파악하기 어려운 경우가 있습니다. 불특정 다수를 대상으로 하는 강연이나 세미나라면 특히 그렇겠죠. 이 경우 프레젠테이션의 본론에 들어가기에 앞서 청중의 수준을 파악하기 위해 질문을 던집니다.

예를 들면,

- 'OOO에 대해 들어본 적이 있으십니까?'
- 'OOO에 대한 경험이 있으신 분은 손을 들어 주시겠습니까?'

라는 질문입니다.

얼핏 보기에는 관심을 유도하는 질문과 별 차이가 없는 것 같습니다. 하지만 이 질문은 답변을 듣기를 요구합니다. 예/아니오의 답변에 따라 프레젠테이션의 수준을 조정할 예정이니까요.

전문가의 수준에 맞춰 준비했는데 청중의 대다수가 일반인의 수준이라면, 사용하는 용어나 사례의 전문성 등을 조정해야 합니다. 반대로 일반인의 수준에 맞춰 준비했는데 청중의 대다수가 전문가라면, 그들이 알 만한 내용은 넘어가고, 보다 전문적인 주제를 깊이 있게 다루어야 합니다. 따라서 이때의 질문은 청중의 답변을 통해 지식이나 경험의 수준을 파악하기 위한 질문입니다.

셋째, 답변을 듣고자 하는 질문

질문에 대한 답변을 통해 청중의 생각을 확인하고자 하는 질문입니다. 이때 청중의 생각은 프레젠터에게 뿐만 아니라, 다른 청중들에게도 영향을 미칩니다. 답변에 따라서 새로운 토론이 촉발되기도 하죠.

예를 들어,

- '○○○에 대해 어떻게 생각하십니까?'
- '○○○에 대한 경험/의견을 말해주실 수 있습니까?'

와 같은 질문입니다.

앞선 질문들이 다수의 청중을 상대로 던지는 질문이었다면, 답변을 듣고자 하는 질문은 특정한 청중을 상대로 던지는 질문입니다. 자발적인 답변이 없다면, 특정인을 지목해 의견을 구할 수도 있습니다. 그러니 이런 질문을 받으면 우선 시선을 피하게 되더군요.

어떠한 질문이든 프레젠터는 질문에 대한 청중의 답변도 예상하고 있어야 합니다. 때에 따라서는 답변의 편중에 따라 이후의 프레젠테이션을 어떻게 진행할 것인지에 대한 각기 다른 시나리오를 준비해야 하는 경우도 있습니다.

주제에 대해 긍정적인 관심들을 가진 청중이라고 생각했는데 부정적인 청중이라면 어떻게 할 것인지, 답변이 하나라도 있을 것이라 생각했는데 아무도 대답하지 않는 경우라면 어떻게 할 것인지 등 질문을 준비하는 것만큼 답변에 따른 시나리오 준비도 필요합니다. 여러 상황을 고려하고, 돌발상황이 발생할 가능성에 대비하는 것이죠.

그러나 청중과의 상호작용이 있는 프레젠테이션이 목표 달성에 보다 효과적이라는 것을 알아도, 기존의 일방적 프레젠테이션을 고수하게 되기도 합니다. 프레젠터 입장에서는 준비된 것만 발표하고 마는 것이 보다 쉽고, 상황에 대한 통제도 가능하다고 생각할 수 있으니까요.

> 프레젠터는 어떤 질문이라도
> 청중의 답변을 예상하고 있어야 한다.
> 그래야 프레젠테이션을 어떻게 진행할지
> 시나리오를 준비할 수 있다.

의외의 청중 반응에 대처하기

반대   반응 없음

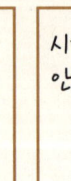

말도 없고, 눈도 안 맞추는 청중

준비가 완벽했다 할지라도, 청중 파악이 정확했다 할지라도 실제 프레젠테이션에서 청중의 반응이 늘 긍정적일 수는 없겠죠. 청중은 다양한 이유로 반응이 없거나 혹은 부정의 반응을 보일 수 있습니다. 이를 반전시키기 위해 일부러 유도한 것이 아니라면, 의외의 반응에 대해 미리 대비해둘 필요가 있습니다.

특히 영업 프레젠테이션의 경우라면 청중의 다양한 거절에 부딪힐 수 있습니다. "프레젠테이션은 잘 들었습니다만……"으로 시작하는 거절은 일반적으로 다음 네 가지 유형이 있습니다.

첫째, 예산이 부족함

둘째, 의사결정권 없음

셋째, 현재 구매 필요성이 없음

넷째, 지금은 구매하기에 적절한 시기가 아님

이 경우에는 그대로 물러서야 하는 것인가요? 그래서는 안 되겠죠. 예산 부족을 이유로 거절하는 경우 진짜 이유가 무엇인지를 다시 파악해보아야 합니다. 가격이 너무 비싸서 놀란 건지, 좀 깎아야겠다는 생각으로 거절하는 척하는 것인지 말이죠. 그리고 상황에 맞게 대처해야겠죠. 그러나 성급하게 가격을 깎아주겠다는 약속을 할 필요는 없습니다.

만약 프레젠테이션을 들은 본인에게는 의사결정권이 없다며 거절하는 청중을 대상으로 했다면, 의사결정권자를 상대로 한 프레젠테이션 약속을 별도로 잡는 것도 방법입니다. 그러나 먼저 의사결정권이 없다는 것이 완곡한 거절의 방법인지부터 확인해봐야겠습니다. 실제 속내는 솔루션이나 서비스가 맘에 들지 않는다거나, 비싸다거나 기타 다른 이유일 수 있으니까요.

구매 필요성이 없다고 하거나, 구매하기에 적절한 시기가 아니라고 한다면 현재 필요하다고 느낄 수 있도록 증명하는 데이터를 준비하는 것이 방법입니다. 그러나 청중의 요구와 영업하는 솔루션의 차이가 크다면 오히려 힘 빼지 말고 영업을 중단하는 것도 방법입니다. 괜히 설득한다며 상처받지 말고요.

강의와 같은 설명 프레젠테이션의 경우 가장 난감한 것은 청중의 '반응 없음'입니다. 낯가림이 있어서 그러는 것인지, 질문이 어려웠던 것인지, 아니면 주제가 마음에 들지 않다는 것인지 쉽게 짐작하기 어렵죠. 대처 방법은 청중을 2~3개의 작은 그룹으로 묶어 답을 찾아보게 하거나(낯가림이라고 여기고), 아니면 프레젠터가 답을 제시하는 것 둘 중 하나입니다. 억지로 반응을 유도하면 오히려 분위기만 더 이상해질 수 있습니다. 반응이 예상과 다르다면 같은 방법을 고수하는 것보다 안전한 방법(열심히 설명하기)을 선택하는 것도 대처 방법 중 하나입니다.

> 청중이 제안을 거절하는 진짜 이유를 파악하라.
>
> 그래야 다음 행동을 선택할 수 있다.

프레젠테이션의 긴장을
줄이는 방법

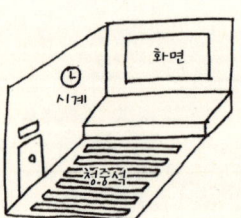
장소에 익숙해지기

긍정적인 청중에 집중

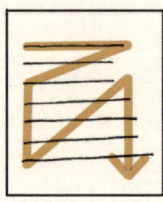
자료에 힌트 추가

아무래도 긴장할 수밖에 없는 프레젠테이션, 긴장을 줄이는 방법은 프레젠터에 따라 나름의 비법이 있을 것입니다. 저는 다음의 세 가지 방법을 주로 사용합니다.

첫째, 장소에 익숙해지기
둘째, 자료 힌트를 활용하기
셋째, 긍정적인 청중을 집중 공략하기

익숙한 장소는 편안함을 줍니다. 어느 정도 규모의 공간인지, 청중이 시야에 어느 정도까지 들어오는지, 시계는 어디에 있는지 등을 정확히 알 수 있다면 동선을 어떻게 구성할 것이고, 어디에 위치하는 것이 프레젠터 본인에게 익숙하고 편안할지 계획할 수 있기 때문입니다.

더불어 장소에 구비된 각종 기자재에 익숙하다면 더 좋겠죠. 오디오가 갑자기 작동하지 않는다거나, 때에 따라 조명을 소등하거나 켜야 할 경우 허둥대지 않고 대처할 수 있으니까요.

만약 장소가 낯선 곳이라면 적어도 30분 전에는 도착해 장소에 적응하는 것이 좋습니다. 공간을 확인하고, 몸을 움직여 보며 짧은 시간이지만 공간에 익숙해지기 위해서 말이죠.

긴장감을 줄이기 위한 방법으로 자료에 패턴을 만들어두는 것입니다. 일반적으로 메시지에 따라 말을 준비하고 조절합니다. 하지만 갑자기 다음 스토리가 생각이 나지 않을 경우 페이스를 되찾기 위한 방법으로 자료에 패턴을 만들어둡니다. '제목을 읽고, 좌에서 우로, 그다음은 강조 포인트를 한 번 더 전달하기'와 같이 나름의 루트를 만드는 거죠. 장소에서 몸의 동선을 만들었듯이 자료에도 말의 동선을 만들어둡니다. 늘 같은 동선을 따를 필요는 없지만, 말문이 막혔을 때는 안전하게 따를 수 있는 루트가 될 수 있도록 말이에요.

마지막으로는 긍정적인 청중을 집중 공략하는 것입니다. 다수의 청중은 제각각의 반응을 보입니다. 하지만 유독 긍정적이거나 유독 무서운 얼굴을 하고 있는 청중이 있습니다. 아무래도 무서운 얼굴의 청중은 프레젠터를 더 긴장시키죠. 그러니 질문을 할 때나 어떤 주장을 할 경우라면 가급적 고개를 끄덕이고 집중해서 듣고 있는 청중과 시선을 맞추는 것이 좋습니다. 자신감과 확신을 갖게 해주니까요.

> 갑자기 말문이 막혔을 때
>
> 안전하게 루트를 따라갈 수 있도록
>
> 자료에 나만이 알 수 있는
>
> 힌트 패턴을 만들어두자.

뻔뻔함과 자신감 사이

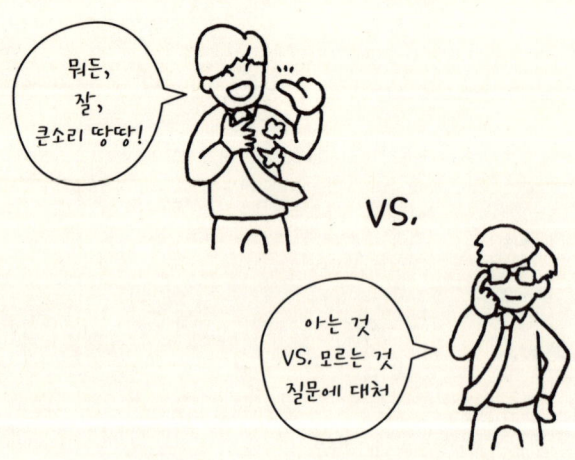

프레젠테이션은 말로 하는 것이므로, 말의 힘이 갖는 영향력은 상당합니다. 얼마나 자신 있게 또렷한 목소리로 청중과 눈을 마주쳐 가며 말을 하느냐에 따라 긍정적인 영향을 미친다는 거죠. 청중에게 신뢰감을 주는 형태로요.

때로는 조금 어눌한 타입이 오히려 신뢰감을 주기도 하지만 이 경우 청중이 프레젠터에게 호감과 공감을 갖기 위해서는 시간이 좀 필요합니다. 차근차근 프레젠테이션을 해나가는 동안 신뢰가 쌓이면서 호감을 일으키는 거죠.

타고난 음색이나 목소리의 크기는 쉽게 바뀌지 않습니다. 프레젠터에게 요구되는 것이 '강하고, 또렷한 어조'만인 것도 아니고요. 대신 프레젠터에게 요구되는 것은 프레젠테이션을 하는 주제와 전달하고자 하는 메시지에 대한 '자신감'입니다.

청중은 귀신같이 알아차립니다. 프레젠터가 주제에 대해 메시지에 대해 얼마만큼의 확신을 가지고 말을 하고 있는지 말입니다. 만약 스크립트를 달달달 외워 토시 하나 틀리지 않고 물 흐르듯이 완벽하게 프레젠테이션을 해냈다고 해도 청중은 눈치를 챈다는 거죠. 알고 하는 말인지, 외워서 하는 말인지 말입니다.

그래서 말을 잘하는 것과 프레젠테이션을 잘하는 것은 차이가 있습니다. 말을 잘하는 사람이 프레젠테이션을 잘할 확률은 높지만, 말을 잘하는 것이 전제 조건으로 작용하지는 않습니다. 오히려 말은 어눌해도 주제에 대한 자신감이 있는 프레젠터는 청중의 공감을 이끌어 낼 수 있습니다.

    청중과 상호작용에서 발생 가능한 돌발 변수에 대응하고 질의 응답에 대처할 수 있는 것은 '말의 힘'이 아니라 '자신감'입니다. 때로는 틀린 점을 인정할 수도 있는 것이 자신감이죠. 오히려 뭘 잘 모르고서 상황을 모면하려고 할 때 말이 많아지고, 말이 많아질수록 이상하게 꼬이게 됩니다.

    뻔뻔할 필요는 없지만, 자신감은 갖추도록 하죠.

> 청중은 프레젠터가 알고 하는 말인지,
>
> 자료를 달달 외워서 하는 말인지
>
> 모두 알고 있다.
>
> 프레젠터에게 중요한 점은 자신감이다.

마무리는 잊지 말고, '행동 촉구'

감사합니다

행동촉구
이후에, 인사

프레젠테이션에서 마무리는 '감사합니다'보다는 '행동을 촉구하는 메시지'이어야 합니다. 그래야 프레젠테이션의 목표인 청중 변화시키기를 달성할 수 있습니다.

영업 프레젠테이션은 회사의 솔루션과 서비스 판매를 촉구합니다. 첫 번째 미팅이라면 판매를 촉구하기에 앞서 다음 미팅을 약속하거나, 때로는 "함께 솔루션 도출을 해보자"라는 협업을 요구할 수도 있습니다.

최근 들어서는 일방적으로 판매하는 방식의 영업이 아니라, 협업(Collaboraion)을 통해 고객과 함께 문제 해결을 고민하는 것이 영업하는 최적의 방식이라는 주장이 등장했습니다. 일명 인사이트 셀링(Insight Selling)이라 부르는데요. 본래의 주제에서 벗어나기 때문에 설명은 하지 않겠습니다. 그러나 관심 있는 분들은 추가 검색을 권해드립니다.

보고 프레젠테이션은 보고한 사항에 대한 의사 결정이나, 보고한 내용을 실행하기 위한 지원을 요구합니다. "보고를 마칩니다. 그다음은 알아서 해주세요"보다는 직접적으로 요청해보면 어떨까요? 그러나 우리의 조직문화상 직접적인 요청은 아직 무리일까요?

지식을 전달하는 강의 프레젠테이션 경우에도 마지막은 행동을 촉구하는 메시지여야 합니다. 강의의 핵심 메시지를 한 번 더 요약하고,

행동으로 옮길 수 있도록 독려합니다. 때로는 청중들에게 행동으로 옮기겠다는 약속을 요구할 수도 있습니다. 노트에 적어보게 한다거나 손을 들어보게 한다거나 하는 방법으로 말이죠.

어떤 유형의 프레젠테이션이든, 프레젠테이션의 목표는 청중의 변화 촉구입니다. 그러니 마무리하는 순간까지도 목표를 달성할 수 있도록 '행동을 촉구'하시기 바랍니다.

"

프레젠테이션의 최종 목표는

'청중의 변화'를 유도하는 행동촉구임을

명심하자!

"

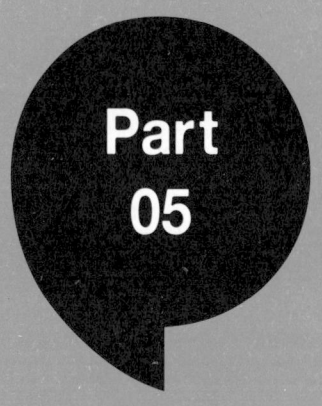

Part 05

{ 빼놓을 수 없는 '자료' }

Show-Talk

적정수준의 자료 활용에 대한 고민

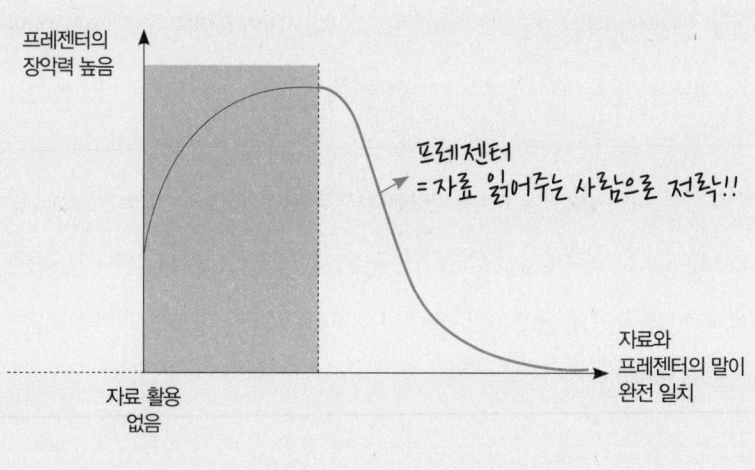

프레젠테이션은 여러 가지 이유로 '자료'를 사용합니다. '자료' 하면 보통 프레젠테이션 슬라이드를 말합니다. 프레젠터 뒤편에서 청중을 향해 펼쳐져 있는 큰 화면의 슬라이드인 거죠.

프레젠테이션에서 자료는 활용 수준에 따라 프레젠터를 돕고, 프레젠테이션의 설득력과 상호작용을 높이는 기능으로 작동하기도 합니다. 하지만 반면에 자료가 프레젠터의 말과 같아질수록 프레젠터가 오히려 무의미해지는 부작용을 초래합니다.

우리가 '스타' 프레젠터로 여기는 사람들 대부분은 앞의 그래프의 왼쪽에 위치하죠. 반면에 가까운 주변에서 쉽게 목격하게 되는 프레젠테이션은 안타깝게도 그래프의 오른쪽에 몰려 있습니다. 프레젠테이션을 준비한다고 하면 자료부터 만들기 시작하는 대부분의 프레젠터들이죠.

자료 활용 수준을 어떻게 조정할 것인가에 앞서 프레젠테이션에서 자료는 어떤 기능을 하는지, 어떤 이유로 사용하는 것인지부터 살펴보겠습니다.

"

프레젠터가 청중을 장악하기 위해서

설득력 있고 상호작용을 유도할 수 있도록

자료를 적절히 활용한다.

"

프레젠테이션에서 자료를 활용하는 이유

| 말할 내용, 말한 내용 보여주기 위해 | 말로 하는 것보다 명확하게 전달하기 위해 |

| 말을 증명하기 위해 | 말보다 강한 인상을 주기 위해 |

자료는 다음 네 가지의 이유로 활용합니다.

첫째, 말할 내용, 말한 내용을 보여주기 위해서

귀로 듣기만 하는 것보다 시각으로 함께 보면 귀로 듣는 것을 더 잘, 오래도록 기억합니다. 때문에 다수의 청중을 대상으로 방대한 양의 프레젠테이션을 하는 경우 보조 수단으로 말할 내용을 자료로 만들어 사용합니다.

이 경우 프레젠터의 말과 자료는 상호 동기화되어 있습니다. 그렇다고 해서 말하는 내용 전부를 혹은 말하는 내용보다도 더 많이 자료에 담아서는 안 됩니다.

정확한 사례 1.

〈자료〉

A를 위한 세 가지 방법
① _____
② _____
③ _____

〈프레젠터의 말〉

A를 위해서는 세 가지의 방법이 있습니다. 첫번째 방법은, 어쩌구저쩌구 하는 방법으로 이래저래한 효과를 보입니다. 두 번째 방법은, 첫 번째 방법과는 달리 어쩌구 저쩌구 한 것으로...

잘못된 사례 1. 말을 그대로 자료로 옮긴 사례

잘못된 사례 2. 말하지 않는 내용을 자료로 상세화한 사례

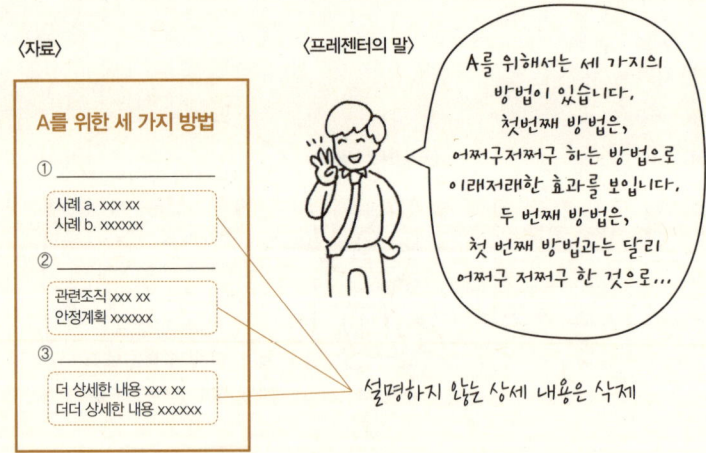

둘째, 내용을 보다 명확하게 전달하기 위해서

말로만 설명하기 어려운 내용들이 있습니다. 작동하는 원리나 복잡한 프로세스, 대상들 간의 관계, 구성품의 위치나 구성 내역 등은 정보를 간략하게 전달할 수 있는 다이어그램 등을 활용하는 것이 보다 쉽습니다. 때문에 자료를 사용합니다.

사례 1. 위치 찾기(지도)

사례 2. 복잡한 관계(개념)

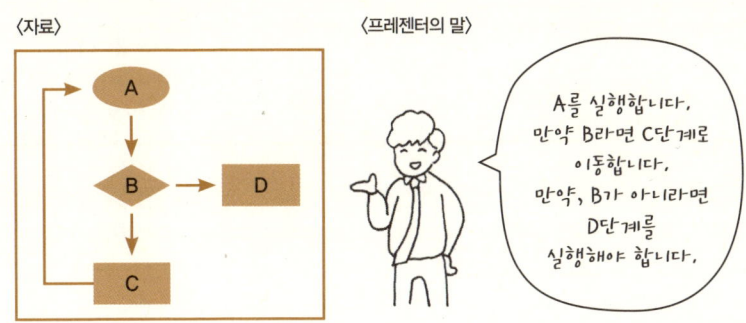

사례 3. 구성 내역

셋째, 증명하기 위해서

말로만 해서는 믿지 않는 청중들도 있죠. 특히 청중을 설득해야 하는 프레젠테이션이라면 증명하는 자료가 설득력을 높이는 방법입니다. 권위 있는 자료나 객관적인 데이터의 인용, 실험 과정 등이 해당합니다.

넷째, 강한 인상을 남기기 위해서

때로는 말보다 한 장의 이미지가 더 강한 인상을 남기죠. 말을 이미지로 대체해 보다 더 잘 기억하게, 때로는 이미지로 프레젠테이션을 기억할 수 있도록 하기 위해 자료를 사용합니다.

결론적으로 이 네 가지 이유에 해당하지 않는다면 자료를 사용하지 않아도 좋다는 의미가 되겠죠. 프레젠테이션이라면 당연히 자료가 있어야 된다는 것은 아니라는 말이죠. 말로 충분히 전달 가능하다면 자료는 없어도 되는 것입니다.

'자료=슬라이드' 라는 오해

사례 1.

예술 정리하기

사례 2.

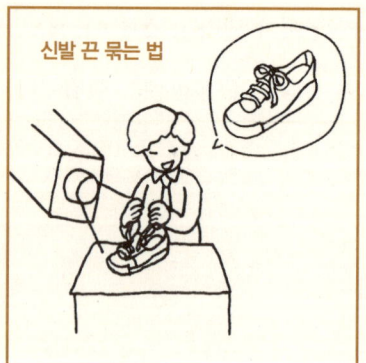

신발 끈 묶는 법

프레젠테이션에서 프레젠터를 보조하는 자료라고 하면, 으레 슬라이드를 먼저 떠올리게 됩니다. 파워포인트, 키노트, 프레지 등으로 만든 슬라이드 말이죠.

'예술 정리하기(Tidying up art)'라는 프레젠테이션이 있습니다. TED 2006에 등장한 약 15분짜리 강연(www.ted.com/talks/ursus_wehrli_tidies_up_art)입니다. 그는 자신의 그림책을 읽어달라는 요청을 받고 무대에 올랐다고 합니다. 그가 사용한 자료는 판넬에 부착된 그림들입니다. 그런데 재미있는 것은 그가 강연 초반에 던진 말이었는데요.

"TED에 온 이유는 TED 정신에 따라 좀 더 현대적인 방법으로 이곳에서 발표하기 위해서입니다. 그래서 약간의 슬라이드를 준비했습니다. 슬라이드들을 보여드리려고 합니다."

이후 재킷의 호주머니에서 작은 슬라이드 필름을 꺼냅니다. 예전에 환등기에 넣어 딸깍딸깍 돌아가며, 화면에 나타날 수 있게 한 포지티브 필름말이죠. 그리고 앞자리에 앉은 청중들에게 건네죠. 테드에서도 당연시되는 화면 슬라이드에 대한 약간의 풍자(?)라는 생각이 들더군요. 청중들도 그렇게 생각을 했는지 모두들 웃음을 터뜨립니다. 실제 프레젠테이션은 그림 판넬을 하나씩 바꿔가며 진행되었고, 그의 생각을 전달하는 데 적절한 자료로서 기능합니다.

'신발끈 묶는 법(How to tie your shoes)'이라는 프레젠테이션도 있습니다. TED 2005에서 약 3분 동안 진행된 것으로, 신발끈 묶는 법을 통해 때로는 삶의 작은 단면을 변화시키는 장점이 다른 면에 막대한 영향을 미칠 수 있다는 것이라는 주제를 전달합니다(www.ted.com/talks/terry_moore_how_to_tie_your_shoes).

이런 프레젠테이션을 여러분이 준비한다면, 어떻게 준비했을까요? 이번에도 슬라이드가 필요하다고 생각하지는 않았을까요? 신발 이미지와 끝을 묶는 과정을 화살표 다이어그램으로 그려서, 하나씩 애니메이션을 활용해가며 설명하도록 말이죠.

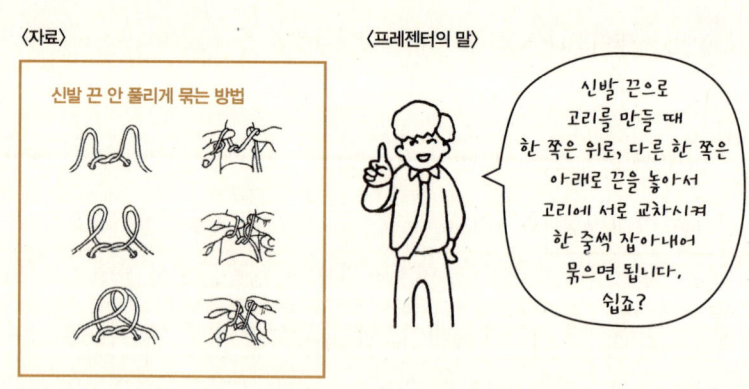

이런 방법도 나름 효과적이겠습니다. 신발끈 묶는 법을 말로만 설명해서는 제대로 전달하기 어려울 것입니다. 그런데 테리 무어(Terry Moore) 씨는 실제 신발을 들고와서 몇 차례의 시연을 통해 신발끈을 묶는 과정을 보여줍니다. 단단히 묶였다는 것을 증명하면서요.

실제를 보여줄 수 있다면, 간접적인 묘사보다 실제를 등장시키는 것이 보다 효과적입니다. 영업 프레젠테이션에서도 제품의 실물을 보여주는 것이 제품의 이미지를 통해 간접적으로 설명하는 것보다 효과적이겠죠. 소프트웨어처럼 실물이 애매하다면, 데모 시연을 통해 작동하는 것을 실제로 보여주는 것이 더 효과적이죠. 개념만 설명하는 것보다는요.

프레젠테이션에서 자료는 반드시 슬라이드라는 공식은 없습니다. 때로는 실물이, 때로는 판넬이, 비디오가 슬라이드를 대체하는 썩 괜찮은 방법이 됩니다. 자료를 어떤 이유로 활용하는지, 그 목표를 달성하는 데 어떤 방법을 취하는 것이 가장 적절한 것인지를 먼저 고려해 보시기 바랍니다. 선택이 늘 '슬라이드'가 되지는 않을 겁니다.

자료 제작의
기본 원칙

자료의 양은 '시간'이 결정

얼마 전 읽은 비즈니스(마케팅) 글쓰기에 관한 책에서는 글을 쓸 때 마감 시간을 정해놓고 시간 안에 쓰는 것을 목표로 하지 말고, 단어 수를 정해놓고 그 단어 내에서 쓰는 것을 목표로 하라고 하더군요. 이는 군더더기 없이 콤팩트하게 쓰는 것을 강조하기 위한 원칙입니다.

반면에 프레젠테이션에서 자료는 목표 슬라이드 개수를 정해놓고, 정해진 개수 내에서 쓰는 것을 목표로 하지 말아야 합니다. 대신 프레젠테이션 시간을 정해놓고 그 시간 내에서 프레젠테이션을 할 때 필요한 자료를 제작하도록 해야 합니다.

대체적으로 한 장의 슬라이드가 1분의 시간에 소모됩니다. 그러나 때로는 한 장의 슬라이드로 10분을 얘기할 수도 있고, 한 장의 슬라이드가 단 몇 초 동안만 사용되고 말 수도 있습니다. 프레젠터가 어떤 의도로 슬라이드를 사용하느냐에 따라 달라지는 거죠.

그런데 가끔 이런 경우가 있습니다. "5장으로 정리해봐"와 같은 주문을 받는 것이죠. 아마도 이런 주문을 하는 것은 내용을 심플하게 준비해보라는 의도겠지요? 그런데 준비하는 사람의 입장에서는 5장이라는 주문이 제약으로 작용합니다. 그 안에 말하고 싶은 바를 다 우겨넣게 되죠. 그 결과로 나오는 슬라이드는 무슨 메시지를 담고 있는지 알아보기 어려운, 매우 복잡한 슬라이드가 될 게 뻔하죠.

그러니 심플하게 내용을 잘라내야 합니다. 물론 맞는 말이죠. 그러나 이때 고려해야 할 것은 잘라내는 기준은 슬라이드 페이지 수가 아니라 시간이어야 한다는 것입니다. 프레젠테이션 시간이 30분일 때와 5분일 때의 차이가 반영이 되어야 합니다. 30분이라면 어떤 주제를 설명하거나 설득하기에 비교적 충분한 시간입니다. 그렇기 때문에 5장의 슬라이드의 자료를 잘라낼 것이 아니라 각 슬라이드가 명쾌해지도록 자료를 분산하는 것이 필요합니다. 반면에 시간이 5분이라면, 핵심 메시지만 남기고 그 외 자료들은 삭제합니다.

프레젠테이션은 청중과 약속한 시간 동안 진행됩니다. 그 시간에 융통성이 있다 할지라도 매번 고무줄처럼 늘고, 줄고, 그렇지는 않죠.

프레젠터에게 주어진 제약은 자료의 개수가 아니라 시간입니다. 늘 시간을 기준으로 삼기 바랍니다.

빼기와 나누기

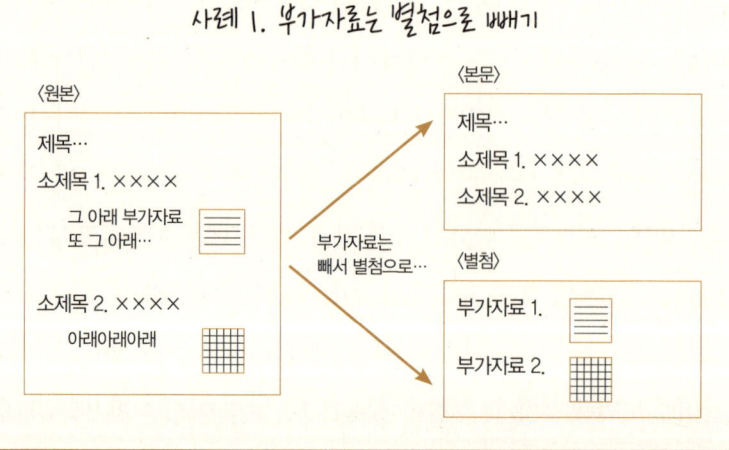

사례 1. 부가자료는 별첨으로 빼기

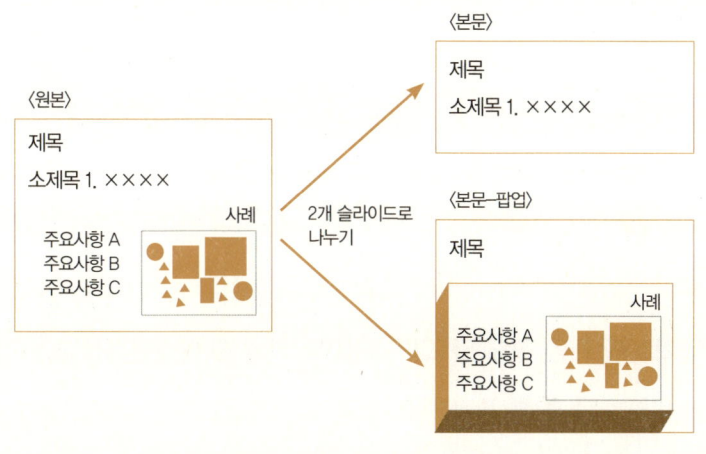

사례 2. 복잡한 내용은 본문과 팝업으로 나누기

어떤 주제이든 프레젠테이션으로 처음 다루는 주제라면, 준비하는 동안 수많은 자료를 찾고, 검토하고 또 새로 만들기도 합니다. 그리고 이 모든 것을 프레젠테이션 슬라이드로 담죠. 하나라도 빠지면 불안하거든요. 청중의 반응이 어떨지 아직은 짐작만 할 수 있으니까요. 그래서 초안으로 만들어지는 첫 자료는 방대한 백과사전과 같은 형태를 띠게 됩니다.

그런데 여러 차례 동일한 주제로 프레젠테이션을 반복하다 보면 자료는 점점 슬림해져 갑니다. 청중의 반응을 반영하면서 말이죠. 반응이 없던 건 빼고, 관심 있어 하는 내용으로 다시 정비합니다. 자료가 없어도 설명 가능한 부분은 자료를 빼고, 대신 프레젠터에 집중할 수 있도록 만듭니다. 그리고 약간 모호했던 부분은 구체적으로 다시 준비합니다. 이처럼 몇 차례 프레젠테이션을 하고 난 이후의 자료는 처음의 자료와는 사뭇 다른 자료로 변모합니다.

이러한 과정은 실전을 거쳐야 가능한 부분도 있을 것입니다. 그러나 보다 나은 것은 실전과 같은 리허설을 몇 차례 거치면서 정비하는 것입니다.

자료로 볼 때와 실제 말로 프레젠테이션을 해보는 것에는 차이가 있습니다. 말을 통해 프레젠테이션을 하다 보면 메시지에서 벗어난 자료들이 드러납니다. 시간 제약을 기준으로 봤을 때 우선순위에서 밀리는 자료들도 드러납니다. 이러한 자료들은 빼서 사례 1과 같이 별도의 자료로 준비합니다. 상황이 변해 청중이 관심을 둘 때 추가적으로 사용할 수 있도록 말이죠.

어떤 자료는 메시지를 전달하는 데 필요하기는 하지만, 지나치게 구체적일 수 있습니다. 사례 2와 같이 두 단계로 나누어 첫 슬라이드에서는 핵심만 제시해 메시지와의 연관성을 드러냅니다. 그리고 다음 슬라이드 혹은 팝업 슬라이드를 통해 상세 내용을 제시합니다. 이를 섞어서 한 번에 제시하려고 하면 오히려 전달력을 떨어뜨리게 될 수도 있습니다.

눈높이와 관심

　다른 프레젠테이션에 비해 '보고 프레젠테이션'은 청중의 반응을 즉각적이면서도 직접적으로 듣게 되는 경우가 많습니다. 실상은 최종적으로 보고를 받는 사람보다 앞서 중간에 리뷰하는 사람들로부터 더 많은 피드백을 받죠.
　"실무자의 입장이 아니라 의사결정자의 입장에서 작성하라"는 피드백, 참 많이 듣습니다. 실무자의 입장에서는 모든 것이 중요하죠. 기준도 중요하고, 대상도 중요하고, 하나하나의 프로세스도 중요합니다. 거기에 더해 정확하게 전달하기 위해 점점 더 구구절절 작성하게 되죠. 아무래도 보고를 받는 사람이 업무에 대해 혹은 상황에 대해 모든 것을 알고 있지 못한다는 전제로 보고를 준비하는 거니까요. 그래서 쉽사리 빼지 못하는 거죠. 모든 자료가 소중하니까요.

이런 일은 비단 보고 프레젠테이션에서만 발생하는 것은 아닙니다. 부서원을 대상으로 한 업무 소개 세미나에서 부서원의 구성에 관한 재미있는 통계라며 여러 수치가 등장했습니다. 여성과 남성의 비율, 영어 자격 취득 분포, 근무연수에 대한 분포 등 특징적인 데이터를 통해 조직의 색깔을 규정해보려는 의도였죠. 그러나 청중은 "억지 같은데?"라는 까칠한 반응을 보였습니다. 준비한 사람에게 재미있고 의미 있는 것이 반드시 청중에게도 재미있고 의미 있는 것은 아니라는 생각이 다시 한 번 들더군요.

하나의 자료를 사용하더라도 청중의 관심과 눈높이에 맞춘다는 것! 이것은 분명 쉬운 일이 아닙니다. 물론 무조건 청중에게 맞춰야 하는 것도, 그들이 궁금해하는 것에만 초점을 맞춰야 하는 것도 아닙니다. 의외의 것으로 놀라움을 주거나 관심을 이끌어내는 것도 얼마든지 가능합니다. 다만 프레젠터의 관심과 눈높이가 청중과 일치되었을 때 더 효과적이라는 것만은 분명합니다.

> 실전과 같은 리허설을 통해
>
> 청중의 눈높이에 맞게
>
> 자료를 정리해나간다.

자료의 유용성을 높이는 방법

'힘' 있는 자료

1. 다루는 정보의 유형

2. 자료를 활용하는 의도 → 표현방법 결정

자료가 힘이 있다는 것은 프레젠터가 자료를 사용하는 이유에 합당하게 제작되어, 본래의 의도에 맞게 청중에게 전달된다는 의미입니다. 우리는 자료를 프레젠터의 말을 '보조'하기 위해, '쉽게' 전달하기 위해, 말을 '증명'하기 위해, 마지막으로 '인상적'으로 보이기 위해 사용한다고 했습니다. 이러한 의도는 다루는 정보의 유형에 따라 다르게 표현합니다. 표현하는 방법도 설명이 목표인가, 설득이 목표인가에 따라 달리할 수 있습니다.

우리가 다루게 되는 정보의 유형은 대체적으로 다섯 가지의 범주로 나눌 수 있습니다.

첫째, 사람/사물과 같은 물리적 실체가 있는 대상

둘째, 장소

셋째, 수/양

넷째, 시간

다섯째, 개념(흐름, 관계, 구조, 그 외 물리적 실체가 없는 것)

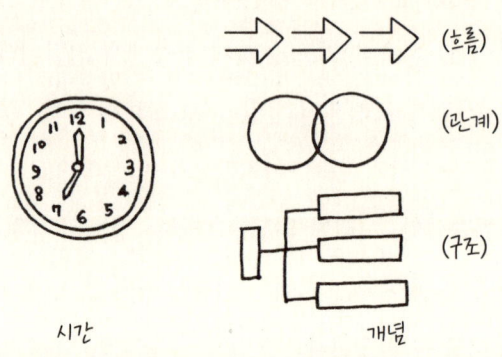

정보의 전달 목적은 크게는 설명과 설득으로 나눌 수 있습니다. 그리고 각각의 표현방법은 직접적 혹은 간접적인 방법으로 세분화할 수 있습니다.

첫째, 직접 설명 – 사실, 추상

둘째, 간접 설명 – 비유

셋째, 직접 설득 – 비전, 비교, 변화, 덤

넷째, 간접 설득 – 근거 자료 인용

사례를 들어보죠.

'우리 제품의 시장점유율은 80%입니다'라는 정보가 있습니다. 수/양의 정보 유형이죠. 어떤 의도로 이 정보를 사용할 것이냐에 따라 다음과 같이 다르게 표현할 수 있습니다.

우선 설명을 위해 사용한다고 해봅시다.

첫째, 직접 설명 – 사실

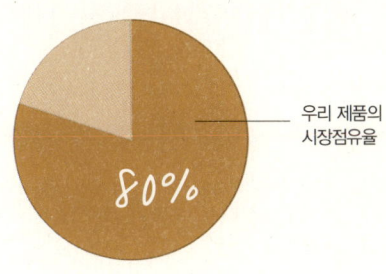

둘째, 직접 설명 – 추상

셋째, 간접 설명 – 비유

다음과 같이 청중을 설득하기 위해 사용할 수도 있죠.

넷째, 직접 설득 – 비전

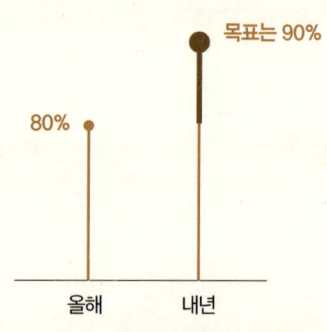

다섯째, 직접 설득 – 비교

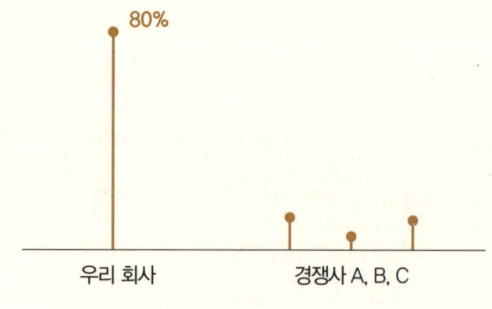

여섯째, 직접 설득 – 변화

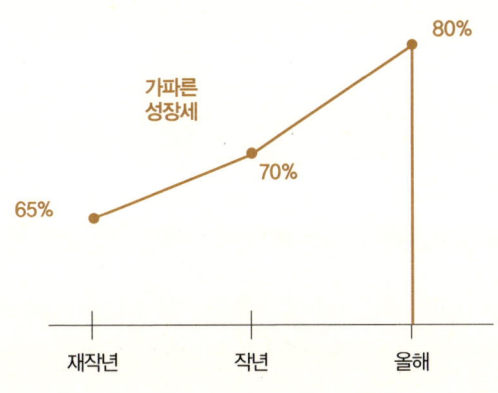

일곱째, 직접 설득 – 덤

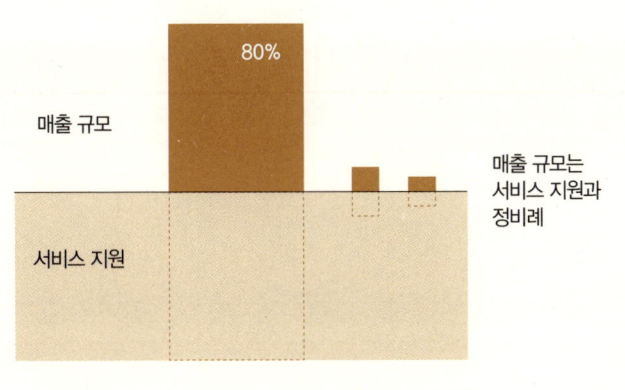

여덟째, 간접 설득 – 근거 자료 인용

 하나의 정보임에도 꽤 다양하게 표현 가능하죠? 여덟 가지 표현 방법입니다. 어떤 표현방법을 쓸 것인가에 대한 선택은 프레젠터의 의도가 무엇인가에 달려 있습니다. 모든 자료는 명백한 의도가 있을 때 '힘'을 갖습니다. '청중을 변화시키는 힘!' 말이죠.

'틈', 있는 자료

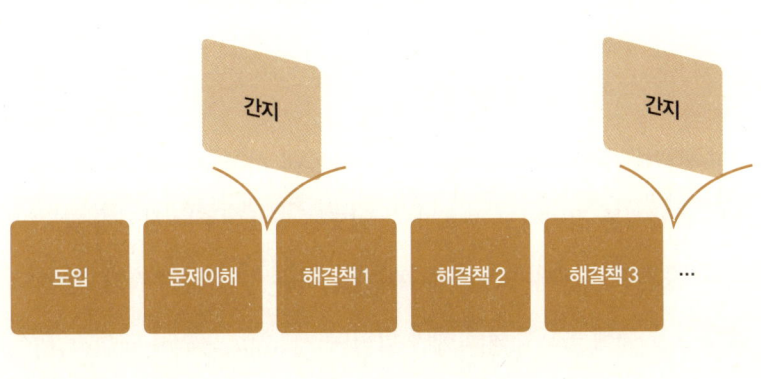

긴장되는 자리일수록 청중과 상호작용하는 프레젠테이션을 한다는 것이 쉽지 않습니다. 긴장된 상황을 벗어나고 싶어 준비된 자료를 빠른 속도로 읽어나가는 것으로 프레젠테이션을 마치는 일도 발생합니다. 순식간에 말이죠.

이때 청중들은 이런 반응을 보이죠. "뭔가는 들은 것 같은데……." 한꺼번에 쏟아진 정보에 미처 정신차릴 틈도 없이 프레젠테이션은 끝나버렸고, 앞에 선 프레젠터는 질문을 받겠다고 하는데, 궁금한 것은 많지만 자신만 프레젠터의 말을 놓친 건가 싶어서 우물쭈물하게 되죠. 혹은 '뭘 들었다고 질문하래?'라고 까칠하게 나올 수도 있습니다.

틈이 있는 자료란, 한 슬라이드에 여백을 가져야 된다는 의미를 포함합니다. 그러나 좀 더 강조하고 싶은 바는 프레젠테이션 동안 사용하는 전체 자료에 '전환'과 '쉼' 같은 용도의 자료를 포함해야 한다는 것입니다. 전환과 쉼은 프레젠테이션에서 프레젠터에게도 청중에게도 필요한 부분입니다.

프레젠테이션의 메시지에 서서히 물들게 하고, 중간중간 청중 스스로 메시지를 정리하고 수용할 수 있도록 만들어주는 장치가 필요합니다. 물론 프레젠터가 프레젠테이션을 하는 동안 말의 강약, 잠깐의 멈춤 등을 통해 속도를 조절해야 합니다.
그러나 다만 긴장되는 자리에서 말로만 조절하기는 쉽지 않습니다. 그렇기 때문에 일부러 프레젠테이션의 자료에 '전환'과 '쉼'을 위한 자료를 추가하는 거죠. 프레젠터가 잊지 않고, 잠시 쉬어갈 수 있도록 말이죠.

우리가 흔히 간지라고 부르는 주제 전환용 슬라이드나 한 주제를 마무리할 때 사용하는 요약용 슬라이드 등이 전환과 쉼을 위한 자료입니다.

저는 워낙 말이 빨라서 긴장되는 자리에 활용할 프레젠테이션 자료에는 저만 알아볼 수 있는 아이콘을 삽입해 활용하기도 했습니다. 그 아이콘을 보면서 스스로 점검했죠. '아, 또, 달리고 있구나. 속도 조절을 해야겠구나'라고요. 이런 일이 몇 번 반복되다 보니, 이후에는 아이콘을 사용하지 않아도 청중의 반응을 살펴가며 속도를 조절할 수 있게 되었습니다.

하지만 여전히 프레젠터로서 혼자만 신나 달리지 않도록 조절하는 장치로서, 또한 메시지 전달력을 높이는 장치로서 '전환'과 '쉼'의 자료는 적극 활용합니다.

톡, 하는 자료

프레젠테이션은 '톡'입니다. 프레젠터의 말로서 메시지를 전달하고, 프레젠터와 청중은 말을 통해 상호작용을 합니다. 이를 위해 자료도 '톡' 하는 자료로 만듭니다. 질문을 던지거나, 질문을 유도하거나,

토론을 할 수 있도록 합니다.

프레젠터만이 일방적으로 '답'을 주는 것이라고, 일방적으로 하고 싶은 '주장'을 하는 것이라고 생각하지 않습니다. 청중들은 자신들이 생각해낸 답이나 자신의 입으로 내뱉은 의견들을 더 오래도록 기억하고 더 잘 받아들입니다. 프레젠터가 할 일은 청중 스스로 결론에 이르도록 돕는 것입니다. 물론 청중이 도달할 결론은 프레젠터가 전달하고 싶은 메시지입니다.

영업 프레젠테이션에 관한 강의를 한 적이 있습니다. 영업 프레젠테이션의 제1원칙, '고객의 관점에서 솔루션을 제시해야 한다'가 그날의 핵심 메시지였습니다. 메시지를 전달하기 위해 주장하고, 근거를 대는 방법도 있죠.

그런데 일방적 주장을 펼치는 것은 그저 듣기 좋은 소리로 끝날 가능성이 큽니다. 그래서 제가 택한 방법은 '토론을 통해 답 찾기'였습니다. 영업 프레젠테이션의 상황을 보여주는 몇 개의 비디오를 준비하고, 여러분이 고객이라면 판매 상품을 구매할 것인가 구매하지 않을 것인가, 그 이유는 무엇인가를 토론하고 발표하도록 했습니다. 청중이 스스로 고객의 관점에서 평가해보도록 한 거죠. 스스로가 '고객 관점에서 제시되지 않는 솔루션은 구매하지 않겠다'라는 답을 찾을 수 있도록 말이에요. 토론은 꽤나 흥미로웠고, 의도한 바대로의 결론에 도달할 수 있었습니다. 또한 일방적으로 전달했을 때 보다 더 쉽게 수용할 뿐만 아니라 자신의 답으로 수용했습니다.

'그건, 강의니까 가능한 상황이다'라고 생각할 수도 있겠습니다. 하지만 실상 우리는 보고 프레젠테이션에서도 영업 프레젠테이션에서도 이와 같은 방법의 사용이 가능합니다. 여러 대안을 준비하고, 각각의 장단점을 비교 분석하는 것, 이것이 의사결정의 선택지를 제시하는 것도 '톡'을 유도하는 자료입니다.

'톡, 하는 자료'란 청중과 상호작용하는 장치를 만드는 자료입니다. 질문, 의견 제시, 토론 등을 추가해서요.

디자인 팁

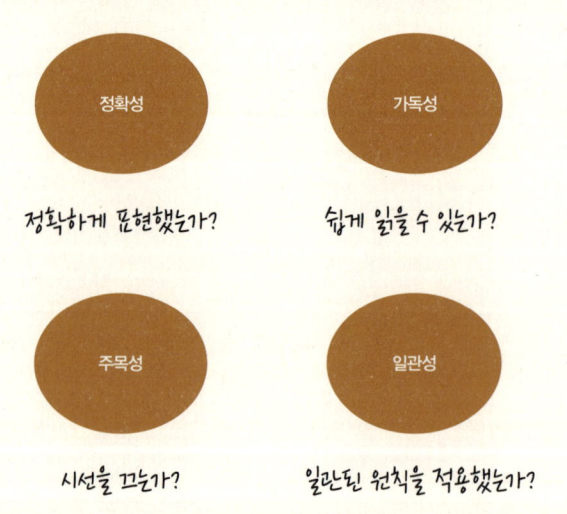

전문 디자이너가 아닌 이상 우리에게 필요한 디자인 팁은 간단합니다.

첫째, 정확성 : 정확하게 표현했는가?
둘째, 가독성 : 쉽게 읽을 수 있는가?
셋째, 주목성 : 시선을 끄는가?
넷째, 일관성 : 일관된 원칙을 적용했는가?

첫째, 정확하게 표현한다는 것이란?

프레젠터나 청중이나 같은 해석이 가능하도록 표현한 것입니다. 왼쪽의 자료는 순환의 구조를 그리고, 시계 방향의 순차적 흐름을 갖는다라고 표현한 것입니다. 그런데 청중의 입장에서 순차적 흐름은 반시계 방향의 흐름일 수도 있습니다. 반대의 해석이 가능하죠. 그러므로 의도를 명확히 하기 위해 시선의 흐름을 유도하는 시작점 화살표와 방향 유도 화살표를 추가해야 합니다.

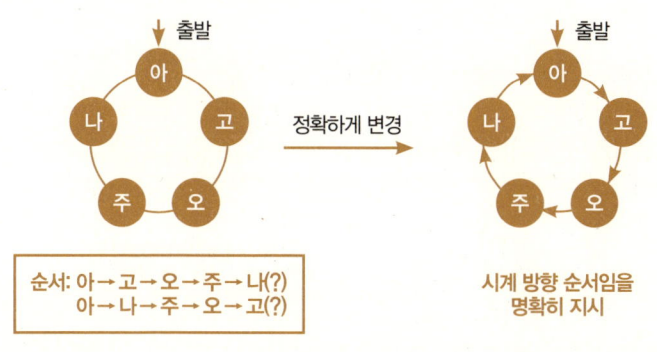

둘째, 쉽게 읽을 수 있다는 것이란?

지나치게 작은 글씨를 배제하고, 전문용어나 약어를 함부로 쓰지 않으며, 쓰게 되더라도 주석을 붙이도록 표현하는 것입니다. 최근에는 영어와 한자를 무분별하게 섞어 쓰는 것도 문제가 되고 있습니다. 한글 자료라면, 부득이한 경우가 아니라면 영어, 한자를 섞어 쓰지 않는 것이 좋습니다.

잘못된 사례 1.

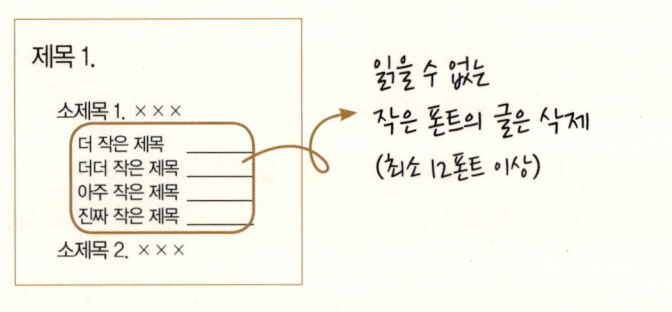

잘못된 사례 2.

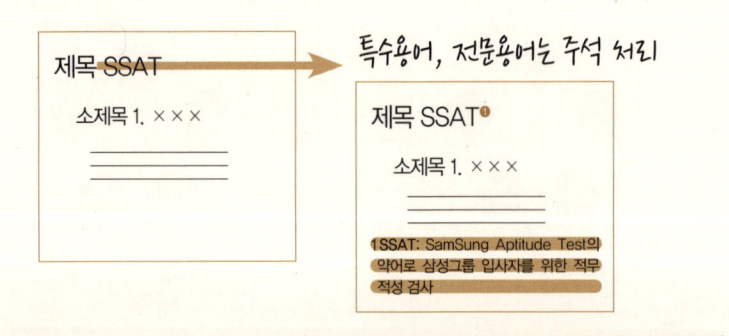

잘못된 사례 3.

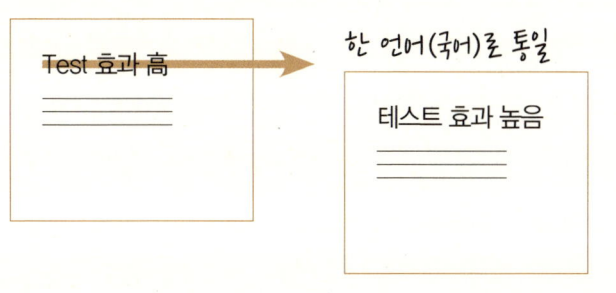

셋째, '시선을 끄는가'라는 것이란?

강조하고자 하는 부분이 먼저 시선을 끌도록 표현되었는가에 관한 것입니다. 강한 대비의 원리를 활용해 강조하는 부분에 색을 다른 색(이를 테면, 빨간색)을 사용하거나, 패턴을 깨는 다른 도형(이를 테면, 별표)을 사용할 수 있습니다.

그런데 문제는 무분별한 사용으로 대체 무엇이 중요한 것이었고, 시선을 끌었어야 하는지가 희석되어버리는 상황입니다. 전부 빨갛거나, 전부 별표가 그려져 있다면 오히려 복잡해지고 주목을 끌지는 못하는 자료에 불과하게 됩니다.

넷째, '일관된 원칙을 적용했는가'라는 것이란?

전체 슬라이드에 적용된 폰트(종류, 크기), 색, 도형 등에 일관성이 있는가라는 것으로, 각 요소는 통상 2~3개의 이내로 한정해 사용하도록 권합니다. 즉 사용하는 폰트는 2~3개를 넘지 않도록 하고, 색이나 적용하는 도형도 2~3개를 넘지 않도록 합니다. 그리고 그 중 한 개는 강조를 위해 사용하도록 합니다.

〈폰트〉
본문은 맑은 고딕
강조는 맑은 고딕 진하게

〈색〉

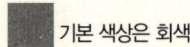 기본 색상은 회색

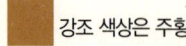 강조 색상은 주황

〈도형〉

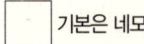 기본은 네모

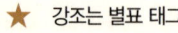 강조는 별표 태그

깨알 같은 팁, 줄 간격과 정렬

디자이너가 작업한 것도 아닌데, 유독 깔끔해 보이는 자료는 어떤 대단한 방법을 사용한 것이 아닙니다. 앞서 제시한 원칙들을 적용하되 일관성의 원칙을 철저히 준수한 자료입니다. 거기에 더해 줄 간격과 정렬의 원칙도 준수한 자료입니다.

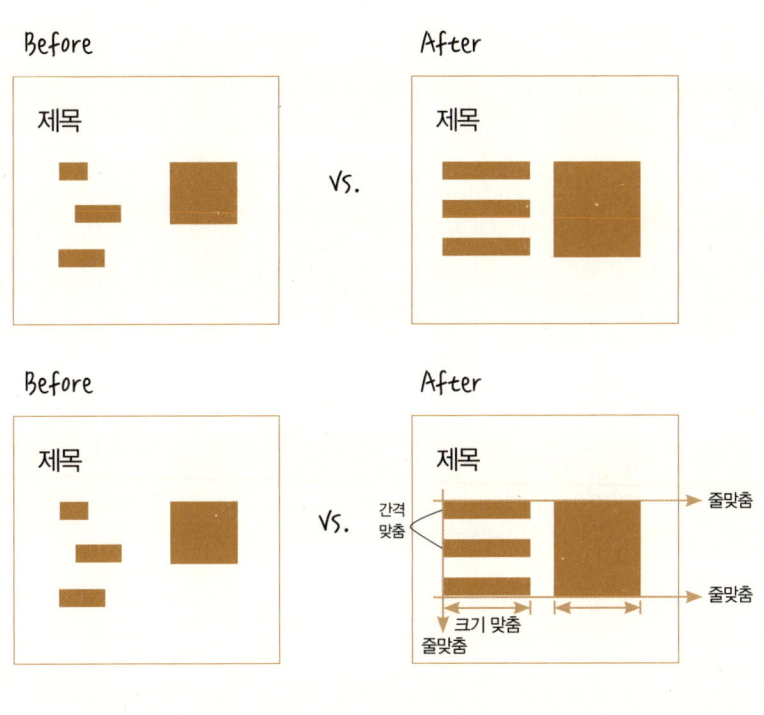

생각보다 간단하죠?

프레젠테이션의 자료는 메시지 전달을 위해 프레젠터를 보조하는 자료입니다. 담긴 내용이 주목을 받아야 하는 것이지, 화려한 외형이 주목을 받아서는 곤란합니다. 오히려 방해가 될 수 있기 때문입니다. 무엇이 우선인지, 중요한 것을 먼저 고려해야 합니다.

나가는 글

프레젠테이션 '쇼'하지 말고 '톡'하라!

오늘도 저는 영업 프레젠테이션을 준비하고 있습니다. 지난 주 고객과의 인터뷰를 통해 그가 원하는 바를 들었고, 그에 대한 답을 찾아 슬라이드에 담았습니다. 제안하고자 하는 답의 핵심 메시지는 무엇이어야 하는지를 찾는 데 집중했고, 무엇부터 얘기해야 그의 관심을 끌 것인지, 어떤 스토리로 전개하는 것이 설득력이 있을 것인지 고민했습니다. 매일매일이 프레젠테이션의 연속입니다. 아마 이 책을 펼쳐든 여러분의 일상도 그러하지 않을까 싶습니다. 여러 가지 목표의 각기 다른 프레젠테이션을 준비하고, 실행하시겠지요.

프레젠테이션 '쇼'하지 말고 '톡'하자라는 의미는 프레젠테이션의 본연의 목표에 충실하자는 주장입니다. 스타 프레젠터의 쇼에, 엄청난 스토리에 그저 감동하고 따라 하는 것이 답이 아니라는 것입니다. 그보다는 청중과 '톡'할 수 있는 프레젠테이션, 감동에 앞서 '메시지'

를 전달하는 프레젠테이션, 청중과 상호작용할 수 있도록 '질문'을 준비하는 프레젠테이션으로 변해보자는 것입니다. 조금은 낯설고, 조금은 어렵고, 어쩌면 효과에 의구심이 들 수도 있을 것입니다. 하지만 여러분이 청중의 입장에 있을 때 프레젠터에게 가졌던 불신과 불만을 떠올린다면 프레젠테이션이 이렇게 달라져야 한다는 점에 동의할 것입니다.

요약해보며, 마무리할까요?

"쇼보다는 톡"

"감동 스토리보다는 메시지"

"준비된 스크립트보다는 질문"

자, 이제 새로운 시도를 시작해보시기 바랍니다.

감사합니다.

프레젠테이션, '쇼'하지 말고 '톡'하라!

초판 1쇄 발행 2015년 6월 15일

지은이 류현주
펴낸이 이지은 **펴낸곳** 팜파스
진행 이진아 **편집** 정은아
일러스트 정은영
디자인 조성미 **마케팅** 정우룡
인쇄 (주)미광원색사

출판등록 2002년 12월 30일 제 10-2536호
주소 서울특별시 마포구 어울마당로5길 18 팜파스빌딩 2층
대표전화 02-335-3681 **팩스** 02-335-3743
홈페이지 www.pampasbook.com | blog.naver.com/pampasbook
이메일 pampas@pampasbook.com

값 12,000원
ISBN 978-89-98537-98-2 (13320)

ⓒ 2015, 류현주

· 이 책의 일부 내용을 인용하거나 발췌하려면 반드시 저작권자의 동의를 얻어야 합니다.
· 잘못된 책은 바꿔 드립니다.

이 도서의 국립중앙도서관 출판시도서목록(CIP)은 서지정보유통지원시스템 홈페이지 (http://seoji.nl.go.kr)와 국가자료공동목록시스템(http://www.nl.go.kr/kolisnet)에서 이용하실 수 있습니다.(CIP제어번호: CIP2015014056)